BE BULLY FREE
A HANDS-ON GUIDE TO HOW YOU CAN TAKE CONTROL

对校园欺凌说"不"!
如何重新掌控自己的人生

【澳】Michael Panckridge,Catherine Thornton 著
宋一辰 译

中国轻工业出版社

图书在版编目（CIP）数据

对校园欺凌说"不"！：如何重新掌控自己的人生／（澳）迈克尔·潘克里奇（Michael Panckridge），（澳）凯瑟琳·桑顿（Catherine Thornton）著；宋一辰译. —北京：中国轻工业出版社，2018.8（2020.6重印）
ISBN 978-7-5184-1920-3

Ⅰ.①对… Ⅱ.①迈… ②凯… ③宋… Ⅲ.①校园－暴力行为－预防 Ⅳ.①G474

中国版本图书馆CIP数据核字（2018）第061874号

版权声明

Copyright © Michael Panckridge and Catherine Thornton 2017
First published in the UK in 2017 by Jessica Kingsley Publishers Ltd
73 Collier Street, London, N1 9BE, UK
www.jkp.com
All rights reserved
Printed in China.

总 策 划：石　铁
策划编辑：孙蔚雯　　　　责任终审：杜文勇
责任编辑：孙蔚雯　　　　责任监印：刘志颖

出版发行：中国轻工业出版社（北京东长安街6号，邮编：100740）
印　　刷：三河市鑫金马印装有限公司
经　　销：各地新华书店
版　　次：2020年6月第1版第2次印刷
开　　本：880×1230　1/32　印张：6.50
字　　数：60千字
书　　号：ISBN 978-7-5184-1920-3　定价：32.00元
读者热线：010-65181109，65262933
发行电话：010-85119832　传真：010-85113293
网　　址：http://www.chlip.com.cn　http://www.wqedu.com
电子信箱：1012305542@qq.com
如发现图书残缺请与我社联系调换
171601Y2X101ZYW

推 荐 序

　　读完本书,可谓受益匪浅、感慨良多。它从学生个体应对的视角关注校园欺凌问题的治理,以情境案例的形式探讨校园欺凌的应对策略,让我们对校园欺凌现象增添了新认识,为治理校园欺凌行为打开了新视野。书中描述的校园情境,不仅会让儿童和青少年身临其境、感同身受,也会唤醒许多成年人久远的记忆与对现实的忧虑。的确,校园欺凌并不是偶然现象,不论是作为受害者、干预者还是旁观者,许多人都曾在自己的校园生活中碰到过欺凌,在自己的成长过程中感受过欺凌。2016年,一项针对我国29个县104 825名中小学生的调查显示,经常遭受欺凌的学生比例为4.7%,偶尔遭受欺凌的比例为28.66%;2017年初,联合国教科文组织发布的全球校园欺凌现状的报告显示,全世界每年有将近

Ⅱ 对校园欺凌说"不"！

2.46亿儿童和青少年遭受欺凌，可见欺凌现象在中小学校园中的普遍性和严重性。

如何驱除校园欺凌的阴霾，如何破解校园欺凌的困境？这已超越学生个体和学校教育的范畴，成为摆在全社会面前的一个世界性难题。为此，我国政府和教育行政部门采取了多种举措进行综合治理，试图自上而下地建立防治校园欺凌的社会工作机制。2016年4月，国务院教育督导委员会办公室下发了《关于开展校园欺凌专项治理的通知》，在全国开展了为期9个月的专项治理行动；2017年11月，教育部等11部门联合印发了《加强中小学生欺凌综合治理方案》，首次从政府层面界定"校园欺凌"，并明确了事件处置流程、惩戒实施方法等一系列防治措施。以此建立多部门沟通、各负其责、齐抓共管的校园欺凌防治方案。但校园欺凌问题的有效解决，不仅需要全社会的积极参与，建立完备的社会保障体系，对欺凌行为予以必要的惩戒，有效遏制欺凌事件的发生；同时，更需要调动起儿童和青少年自身的力量，让孩子们学会保护自己，运用智慧化解欺凌事件的负面影响，采取积极的应对策略，避免欺凌所带来的身心伤害。

近年来，因一些校园暴力事件频发与曝光，校园欺凌现象开始引起国家和社会的重视,但目光主要聚焦在带来了较大身体伤害的恶性欺凌事件上。而本书告诉我们,不是只有恶性校园暴力事件才是校园欺凌,欺凌既包括公开欺凌,也包括隐蔽欺凌和网络欺凌;欺凌既可能是身体上的,也可能是言语上甚至表情上的;欺凌不仅有身体上的直接伤害,也可能有心理上的隐性伤害,如破坏社会名誉、开下流玩笑、恶意模仿他人的言行举止等,都属于校园欺凌。相比恶性欺凌事件,那些持续的、微小的、隐性的欺凌事件,在儿童和青少年的日常校园生活中更常见,给儿童和青少年造成了普遍的不良身心影响,更应当予以足够、充分的重视。

过去在认识校园欺凌现象时,我们常常从受害者遭受的身体损害及财产损失的程度来看待欺凌的危害,本书则引导我们从受害者心理历程的变化上,看到欺凌所带来的心理后果。欺凌对受害者的影响会经历一些内在的心理变化过程:欺凌最先影响的是受害者的自我感受,受害者会将自己看作一个失败者,变得不自信、自责自怨,对自己的一举一动格外敏感,自身的焦虑水平开始不断升高。如果受害者将遭受欺凌的原因进一步归结为自身问题,会表现出最简单、直接的应对方法,即"回避"。回避出现在任何可能发生欺凌的

场合，回避的结果会使受害者封闭自己。当想到遭受欺凌的相关事件时，受害者会感到精神紧张，浑身发抖或寻机报复，最终可能还会导致抑郁与焦虑。欺凌对受害者的影响并非只表现在最后的行为结果上，它会对受害者的心理历程带来渐进式的持续伤害。所以，治理校园欺凌现象，不仅需要对欺凌者进行必要的惩治，也需要对受害者予以适当的心理援助，当然更应当防患于未然，帮助儿童和青少年学会积极应对，避免欺凌带来的心理伤害。

减少校园欺凌事件的发生，首先需要从儿童和青少年自身做起，帮助他们掌握应对校园欺凌的方法，采取积极有效的策略，避免校园欺凌事件向恶性方向发展，以此化解校园欺凌事件的危机。本书选取了26个校园欺凌的案例，以小故事的形式描述出各种校园欺凌类型的表现，并结合案例给出具体的应对策略和一般建议。本书用浅显易懂的语言、司空见惯的场景、感同身受的实例来解说在各种情境下应对校园欺凌的方法，帮助儿童和青少年掌握应对校园欺凌的技巧。它非常适合儿童和青少年阅读，也适合作为中小学心理健康教育及安全教育的辅助读物。

当然，我也愿意把本书推荐给教师和家长，因为许多教师和家长也常常被校园欺凌事件困扰。碰到校园欺凌事件时，除了对欺凌者的行为表示愤怒并予以惩戒、对受害者的遭遇表示同情并予以安慰之外，似乎并没有更好的方法加以处理。对欺凌者的内心在想些什么感到困惑，不知如何激发起他们内心善良的一面；对受害者的心里会掀起何种波澜感到茫然，不知如何引领他们走出心理伤害的漩涡。所以，教师和家长也期望找到帮助儿童和青少年应对校园欺凌的良方，而本书能够帮助他们了解儿童和青少年面对校园欺凌时的心理历程，把握儿童和青少年经历校园欺凌时的心理感受，指导儿童和青少年掌握应对校园欺凌时的技巧，也有助于帮助家长和教师配合学校及社会，建立对校园欺凌的介入方法和治理模式。

我希望有更多的儿童和青少年能够看到本书，并从本书中有所获益；也希望有更多的教师和家长看到本书，以有效帮助儿童和青少年应对校园欺凌的困扰，降低校园欺凌对儿童和青少年的不良影响。

——刘晓明 教授
于东北师范大学心理学院
2018.3.17

目 录

引言 …………………………………………………… 001
什么是欺凌 …………………………………………… 005
欺凌的后果 …………………………………………… 009
案例及应对策略 ……………………………………… 011
    案例1　西蒙——一群男孩往他身上扔橘子 ………… 012
        类型：公开欺凌、身体欺凌
    案例2　特瑞娜——她不想做那些事，于是感到了
        同伴压力 ………………………………………… 017
        类型：隐蔽欺凌
    案例3　玛丽莎——她收到了匿名骚扰短信 ………… 022
        类型：网络欺凌

案例 4　塔妮莎——她碰了一鼻子灰 …………………… 025
　　　　类型：隐蔽欺凌

案例 5　约翰——有人在他的社交网站上写差评 …… 029
　　　　类型：网络欺凌

案例 6　丹尼——他收到了别人冒名写的信 ………… 033
　　　　类型：公开欺凌、言语欺凌

案例 7　梅隆妮——朋友们不跟她玩了 ……………… 037
　　　　类型：隐蔽欺凌

案例 8　嘉莉——她发了张照片，结果受到了
　　　　网络欺凌 ……………………………………… 042
　　　　类型：网络欺凌

案例 9　阿希莉——罗伯特总是用言语攻击和
　　　　羞辱她 ………………………………………… 047
　　　　类型：公开欺凌、言语欺凌

案例 10　莱拉——恶毒的流言 ………………………… 052
　　　　 类型：公开欺凌、书面欺凌

案例 11　比利——他遭到了种族歧视 ………………… 057
　　　　 类型：公开欺凌、言语欺凌

案例 12　安东——他发现了吐槽他的网页 ············ 061
　　　　类型：网络欺凌

案例 13　马特——来自网游世界的打击 ················ 066
　　　　类型：网络欺凌

案例 14　瑞秋——别人拍了她的照片发给大家 ········ 070
　　　　类型：网络欺凌

案例 15　奥瓦尔——他收到了内容恶毒的私信 ········ 077
　　　　类型：网络欺凌

案例 16　劳琳——她被朋友们排挤了。 ················ 081
　　　　类型：隐蔽欺凌

案例 17　蒂龙——他收到了不友好的短信 ············ 086
　　　　类型：网络欺凌

案例 18　温——她收到了恐吓邮件 ···················· 090
　　　　类型：公开欺凌、书面欺凌

案例 19　尼尔——有人在球场上故意欺负他 ·········· 094
　　　　类型：公开欺凌、身体欺凌/言语欺凌

案例 20　玛琪——有人在网上P（处理）了
　　　　她的照片 ································· 099
　　　　类型：网络欺凌

案例 21　莉兹——她总是被人捉弄和取笑 ·············· 105
　　　　类型：隐蔽欺凌

案例 22　帕特蕾——大家嘲笑她的文化习俗 ············110
　　　　类型：隐蔽欺凌

案例 23　萨利——她在公交车上被人嘲笑 ··············114
　　　　类型：公开欺凌

案例 24　马克斯——他就是大家开涮的对象 ··········118
　　　　类型：公开欺凌／隐蔽欺凌

案例 25　史蒂夫——大家欺负他，觉得他是个
　　　　变性人 ··· 122
　　　　类型：公开欺凌

案例 26　布列塔尼——她遭遇了恐同欺凌 ············ 127
　　　　类型：公开欺凌／网络欺凌

睡眠 ·· 133
焦虑 ·· 137
营养 ·· 141
锻炼 ·· 147
果决性 ·· 153
冥想和放松 ·· 157

自我对话	163
你觉得自己是欺凌者吗	167
校园欺凌	171
给家长的建议	177
继续前行	183
作者简介	187

引　言

　　你翻开了这本书,这很好,真的很好。为了帮助自己或他人摆脱欺凌,你坚定地迈出了至关重要的第一步。谢谢你!

　　欺凌可能远比你想象得普遍。研究指出,在任意一周的时间里,大约有1/6～1/4的在校学生会直接受到欺凌的影响。我们取个平均数,大致算作1/5,这就覆盖了学校里20%的学生。也就是说,在一个平均容量为24人的小学班级里,大约就有4～6人正在遭受欺凌。并且,欺凌的发生与学校类型无关。不论是小学还是中学,是私立学校、教会学校还是公立学校,是男校或女校还是男女混校,是在城市还是在乡村,是大型学校还是小型学校;总之,欺凌无处不在。它就是这样真真切切地发生着。

　　更令人不安的是,超过80%的孩子都清楚地知道,欺凌

行为曾发生在他们的班级里。他们就是旁观者。袖手旁观的人真的很多，其实他们都是潜在的可以对受害者施以援手的人。如果我们能让这部分人对欺凌行为进行干预，把他们由"旁观者"转变为"干预者"，那么长期以来存在于校园之中的强大的欺凌文化就会开始崩塌。

那么，为什么有人会被欺凌呢？这个问题很难回答，但我们可以试着给出一些解释。当人们聚集在一起形成团体时，就会产生社会秩序，小孩子的团体尤其如此。团体中的有些人可能会觉得你跟他们不一样——可能因为你是红头发，可能因为你的肤色不是学校中的主流，甚至有可能只是因为你的数学特别好。你是不是说话的口音和别人有点不同？你竟然穿"那样的"鞋子？哦，天呐，我真不敢相信她竟然说那个！明白了吗？欺凌往往是为了加强和重构社会秩序。有些人面对和自己不一样的人时，会有点害怕，所以总想把"异己"扳成和自己一样的人。他们想让世界保持稳态。欺凌意味着抬高自己，打击别人，这样就可以令自己保持在社会秩序等级的最顶端。当然，实际的情况肯定更复杂，还有许多原因都可以促使人们做出欺凌行为。有时候，人们甚至意识不到自己正在欺凌别人。他们的欺凌行为可能源于自己从小到大的成长经历，可能是模仿家庭中的重要成员。那就是他们自然而然的行为。

令人欣慰的是，人们已经找到了许多方法来应对欺凌。每个人都是不同的，有些方法可能对你特别有用，有些则可能没有那么好的效果。这都是正常的。其实，只要认真阅读本书中的众多案例及应对策略，你就能够更好地了解自己到底是哪种类型的人，哪些方法更适合你。

应对欺凌的过程是艰辛的，其中可能有痛苦，可能有伤害。这个过程有时甚至比欺凌本身更让你感到痛苦。那是因为，你正把人人避而不谈的欺凌世界从阴暗角落中拖拽出来，暴露在阳光下。你自己也就同样暴露在阳光之下。对于许多人来说，这并不容易。人们更习惯于忽视那些令人痛苦的东西，假装什么事也没有发生过。

想要改变欺凌的现状，你需要做一些事情。有些事情对你来说可能比较艰难，但你不能以此为借口，不去尝试。如果任由欺凌持续下去，你就是把自己放在了一个受害者的位置，就可能终生无法摆脱被欺凌的阴影。既然你已经开始阅读本书，说明你想要做些什么来改变自己的处境。你希望看到一个不同的你，一个更强大、更率性的你。你希望遵从内

心的声音，坚定自己的信念。你希望在面对任何形式的欺凌时不再忍气吞声，而是勇敢地站出来为自己发声。

不过，这里还要多说一句。勇敢地应对欺凌不一定总会有美好的结果。欺凌的双方不一定都能像故事里讲的那样，最终彼此原谅，和好如初。

在本书中，你可以读到很多有用的东西，其中有解答，有建议，有例子，有观点，有方法，有定义。但是最终的做法取决于你。本书的目标就是鼓励你勇敢地站出来，坚定果决地应对所遇到的欺凌情境。你不可能时时刻刻将这本书揣在裤兜里。但如果你接受书中的观点和建议，并且学着成为一个更强大、更自信的人，那么你未来生活的每一天都会变得踏踏实实，充满希望。

现在，你就要开始阅读这本书了。请做好准备，你生活的世界将因你而变成一个更美好、更幸福的所在……

什么是欺凌

欺凌，是指一个或一群人持续不断地找碴伤害另一个人或另一群人的行为。这里的伤害可以是身体上的，也可以是通过文字或语言，让受害者感到悲伤、痛苦、羞愧，感到被排挤或被侮辱。

什么不属于欺凌

一过性的争执通常不能被认定为欺凌，尤其是当争执双方具有势均力敌的社会地位时，一般不属于欺凌。

什么是旁观者

如果一个人明知道欺凌正在发生，却不进行阻止，那么他就是旁观者。旁观者如果不是正处在欺凌发生的场合中，

也有可能对受害者给予帮助。

什么是干预者

面对欺凌，干预者的做法更进一步，他们会积极地做出行动或发出声音，试图阻止欺凌进行，并对受害者给予支持。

欺凌有哪些类型

欺凌有三种基本类型。

1. 公开欺凌

公开欺凌指的是直接的、当面的欺凌，不通过电脑、手机、纸条进行，也不经过他人转达。公开欺凌可以是身体的，也可以是口头的。身体欺凌包括殴打、踢、掐、推搡或者毁坏受害者的财物等。口头欺凌包括贬低、种族歧视或同性恋歧视言论、辱骂、嘲笑及其他言语骚扰等。有时，仅仅靠表情都可以构成欺凌。

2. 隐蔽欺凌

隐蔽欺凌是一种更微妙的欺凌形式，更难被识别。隐蔽欺凌和人们通常意义上认为的欺凌不太一样，它不是身体上的伤害，而是隐性的。隐蔽欺凌破坏的是社会名誉，是对受害者进行羞辱。人们一般不愿承认隐蔽欺凌的存在，毕竟它看不见、摸不着。下面列出了几种常见的隐蔽欺凌：

★ 捏造事实并散布流言
★ 摆出不友好的表情或姿势，让人感到威胁或蔑视
★ 开下流的玩笑，让人感到尴尬或羞辱
★ 恶意模仿别人的言行举止
★ 号召大家孤立某人
★ 损害某人的社会名誉或社会认可度

3. 网络欺凌

网络欺凌是一种通过信息技术进行的欺凌。互联网、短信、电子邮件、社交网络等任何能够传播文字和图片的方式都能成为网络欺凌的途径。网络欺凌可以是公开的，也可以是隐蔽的，它随时随地都可能发生。网络欺凌可能只有受害者自己知晓，也可能被许许多多不相干的人看到。

欺凌的后果

一个人遭受欺凌后，会产生多种反应。有些反应是即时的，比如身体伤害。显然，如果一个人被殴打、推搡或绊倒，他立刻就能知道发生了什么。但在许多情况下，人们不一定能马上意识到自己正在被欺凌，欺凌的后果要过一段时间才会显现。这一般是低调隐蔽的欺凌，比如，持续进行的人身贬低或社会排挤等。在这种情况下，受害者往往觉得是自己做错了事情，可又说不上到底做错了什么。受害者经常需要花一些时间才能明白，自己正在遭受欺凌。

欺凌最先影响的是一个人的自我感受。"我以前一直感觉不错，可最近为什么感觉这么糟糕……我肯定是一个失败者。""别人怎么都这么对我，我到底出了什么毛病？"一旦有了这样的感受，受害者就会对自己的一举一动格外敏感，

生怕有什么越轨。可以想象,他们的焦虑水平会变得非常高。

若一个人觉得是因为自己的行为有问题才招致欺凌,他能想到的最简单的解决办法就是"回避",回避任何可能发生欺凌的场合——不去图书馆,不去厕所,甚至不愿意去上学。他会觉得自己做人很失败,只想整日一个人待着,以免引起别人的负面评价或身体攻击。除了回避特定场合,受害者在想到和欺凌相关的事情时,还会感到精神紧张,可能会哭泣、发抖。当他们得知要去经常遭受欺凌的场所时,心跳会加速。他们会花很长时间来琢磨自己到底做错了什么,别人为什么对他们如此恶毒。他们甚至会设想如何进行报复。显然,这样的忧思和焦虑会让人感到非常疲惫,这反过来让人更难想清楚到底应该做些什么。

不难想象,若你每天都处于这样焦虑疲惫的状态,你就很难集中精力去学习,其他兴趣爱好肯定也会受到影响。你可能成绩下滑,完全没有动力去完成学业。这样一来,你又需要面对来自老师和家长的压力。这些常常会引发睡眠和进食问题。这还不是全部,可以这样说,如果一个人长期遭受欺凌,他生活的方方面面都会受到影响。抑郁和焦虑是被欺凌者最"正常"的反应。

案例及应对策略

本书中的案例均被编排为相同体例。先描述案例情节，再给出几种可行的应对策略。对于应对策略，我们只写出了一个大概的提纲。你可能会在不同的案例后面发现相似的应对策略，希望这对你能产生强化作用。你无须按顺序阅读全部案例。你可以参考目录中的案例标题，寻找和你相关的内容进行深入阅读，也可以简单浏览。案例的编排没有特别的顺序，但涵盖了前文所述的各种常见欺凌类型。

在有些案例中，应对策略仅仅是前面情节的延续。案例中的主人公可能已经仔细分析了当下的情况，在无人帮助的情况下，自己采取了某些行动。他们的言语和行为可能就是非常有效的应对策略。

案例 1

西蒙——一群男孩往他身上扔橘子

类型：公开欺凌、身体欺凌

"对不起！"我听见其中一个男孩在嚷嚷。我看见地上有个吃了一半的橘子。

我叫西蒙·伍德菲尔德，今年11岁。我很喜欢上学。我最喜欢的科目是数学和科学。其实我学习所有的学科都很用功，但我尤其喜欢这两科。老师们经常额外布置一些难题让我带回家做，有时甚至在课堂上就直接让我做。

在课堂上，我特别喜欢回答老师的问题。那些问题一般都超级简单。我也不是一直主动举手，但是如果全班都没人答得上来，老师通常就会问我，我总是能给出正确的答案。

最近这段时间，午休时我都会去图书馆。我和科林、林赛三个人正在编写一个计算机程序。这个程序可以把一个二维物体变成三维的。昨天上课时，赫顿老师让我在班里演示了一下。

当时,我把我的电脑连到大屏幕上,给全班展示。赫顿老师和另外一个同学还问了我一些问题。

中午,我照例走路去图书馆。经过食堂附近的长椅时,我感到有什么东西重重地打在我后背上。我的书掉了一地。其实那一下并没有多疼,我是被吓了一跳。"对不起!"我听见其中一个男孩在嚷嚷。我看见地上有个吃了一半的橘子。我把书和橘子都捡起来,继续往前走,就近把橘子扔进了垃圾桶。我能听见他们在笑。于是我扭头又看了他们一眼。他们显然并没有感到抱歉的意思。

午饭之后,这种事情又发生了。这次,是其中一个男孩"不小心"撞到了我。

"对不起!"他双手抱在胸前,又来了这么一句。他撞我撞得非常狠,我努力控制着才没有摔倒。

"没事。"我嗫嚅着。我感到自己像个笨蛋,因为我显然不是没事。这让那群男孩再次笑起来。我到底做错了什么,为什么要这样对我?我思索着,快步走回教室。

❋ ❋ ❋ ❋ ❋ ❋

欺凌总是会带来伤害,如果造成的是情感和身体上的双

重伤害，就会更糟糕。一般来讲，避开欺凌者是非常有效的应对策略。避开的意思是说，你可以换个地方做事，不要到欺凌者经常出现的地方去。当然，这实现起来有时会比较困难。那么，你就可以寻找能支持你的人，比如，西蒙再去图书馆的时候，可以让好朋友科林和林赛陪他一起走，这样就不必独自面对可能出现的欺凌者。

人们常说，欺凌就是权力的滥用，所以，你要努力让自己看起来不是一副任人宰割的样子。走路时，请你挺胸抬头，步伐坚定。有时候，对当下的情境开个玩笑，也能让剑拔弩张的气氛缓和下来。比如，西蒙可以说："挺好的橘子，你吃了多好，干吗扔了。"这也许就能使当时的情况缓解一点点。简单明了地阐明自己的立场，微笑，然后走掉。有时候，如果欺凌者发现自己的言语和行为并没有产生什么效果，可能就不再继续了。如果遭受欺凌，受害者要尽力避免让欺凌者看到他们想达到的效果。这一点很难做到，但是非常重要。

欺凌者盯上受害者通常没什么理性原因，主要原因大概就是他们想要寻求力量感和掌控感。所以，欺凌的发生往往和欺凌者有关，而与受害者无关。但是，受害者的自尊心会在欺凌过程中受到严重打击。这时候，你可以尝试自我对话。你首先要知道怎么样进行自我对话。有时，我们意识不到自己内心的声音。比如，我们可能对自己说，我没有那么好，我得不到自己想要的东西，这时，我们就成了自己的敌人。请你多给自己一些鼓励和支持。你跟好朋友怎么对话，就跟自己怎么对话。想了解关于自我对话的更多信息，你可以阅读"自我对话"那一章。

在考虑欺凌问题的时候，不要总是纠结在发生欺凌的过程和与欺凌相关的情绪之中，可以更多地关注你实际能够做些什么。一个人遭受欺凌之后，可能感到很愤怒、很受伤，但仍然可以有信心应对欺凌，让环境变得可控。

有些人发现，运动也是应对欺凌的有效方法之一。运动可以缓解压力，提升自信。

再次强调，面对欺凌者时，请你挺胸抬头，然后走开。你可以做出一些行为，改变欺凌情境中力量的不平衡，重新获得控制权。身体语言就是一种有效的行为。你一定要站得笔直，让形象高大起来，眼睛里透着自信。尽一切可能让欺凌者感到，掌控权并不在他们手里，至少看起来要给他们这种感觉。你要神情笃定地走路，对欺凌者的行为表现得完全不感兴趣，呈现出一派悠然自得的样子，这就是对欺凌者

最有力的回应。我们表现出来的是什么样子，别人就会以为我们是什么样子。

总之，你必须向欺凌者展示出你没有屈服在他们的影响力之下，他们并没有掌控一切。

> **记忆要点**
> - 变更出行路线，避免遇到欺凌者。
> - 如果你必须经过欺凌者可能出现的地方，叫上朋友陪你一起走。
> - 用幽默的方式使欺凌者的语言偏离原来的意思。以自信的形象示人。
> - 学会和自己对话，做自己最好的朋友。

案例 2

特瑞娜——她不想做那些事，于是感到了同伴压力

类型：隐蔽欺凌

"嘿，特瑞娜，我们搞了包烟，你要来一支吗？"

我有好多朋友，可能有点太多了。我们是一个大集体。每个周末我们都会去城里玩。这没什么大不了——是的，本来确实没什么，可是最近事情发生了一点变化。有时候，我们会买点东西，但大部分时间还是闲逛。我喜欢和朋友们待在一起，我愿意成为集体的一分子。不过必须承认，有时候，她们谈论的一些东西会让我感到有点不舒服。其实也不是说她们具体谈了些什么，只是她们谈论的方式让我有点接受不了。最近几次，她们的谈话基本都围绕在哪个男孩长得很帅、哪个女孩穿着很下流这些方面。有时，她们甚至会对路过的陌生女孩品头论足，言语相当粗俗。她们谈论这些的时候，我总是会稍微躲开一点，自己低头走路。这些话题让

我有点困惑，但我不想在她们面前表现出来。不过我觉得她们还是看出来了，因为几周以前，妮芙问过我，为什么我总是安安静静地一个人走，不参与她们的谈话。用她的话说，"聊这些就是为了好玩嘛！"当时，坐在一旁的格蕾丝转了转眼珠，嘟囔了几句。我感觉脸在发烫。我好像听见她说的是"妈宝"，也不太确定。也许真的是我太敏感了。就像妮芙说的，这些事可能真的没什么大不了的，也许我太老土了，应该更外向一点？

可是接下来的几周，情况更糟了。有一天，她们邀请我一块出来玩，却没告诉我她们还叫了一群男孩来。她们是故意不告诉我的吗？我只能努力装出一副酷酷的样子，尽管我觉得自己一点都不酷。

"嘿，特瑞娜，我们搞了包烟，你要来一支吗？"格蕾丝问。

我说："你没开玩笑吧？"我觉得我可能说得太快了，几乎是脱口而出。

我又加了一句："不了，谢谢。"

"哈，没事，帅哥们，别担心她。"格蕾丝冲着男孩们边笑边说，"她跟我们不一样。叫她一块来，才能显得我们都是乖乖女嘛！"

"你爸妈知道你到城里来玩了吗?"其中一个男孩问我。他还用手肘捅了捅自己的同伴。我觉得尴尬极了,我想我的脸应该是通红的。我低声说,我还有点事,先走了。我努力让自己显得镇定一点。

回家的路有整整5公里,我是一路走着回去的,我要努力绷着才能不让自己哭出来。

※ ※ ※ ※ ※ ※

迈出第一步永远是最艰难的。对于特瑞娜来说,就这么从朋友的聚会中离开的确很不容易,却强有力地表达了自己的态度和立场。如果你不想让自己掺和进某个场合,那么抽身离开就是最积极的选择。这看起来跟上面提到的避开策略很像,但其实,主动离开的意义比单纯避开大得多。

有时,你或许应该重新考量一下你的"友谊",仔细想想到底什么才是真正的友谊。真正的友谊可不只是和儿时的玩伴或者街坊邻居出去聚会逛街那么简单。真正的朋友是那些你愿意与之相伴的人,他们会鼓励你成为最好的自己。真正的朋友会考虑你的需求,会和你一起开怀大笑,而不是嘲笑你。那么,怎么才能交到真正的朋友呢?

下面列出了一些方法,帮你找到真正的朋友。

首先,请想出一个你欣赏并敬佩的人。他可能是你的家庭成员,可能是个名人,也可能是某个街坊邻居。

接下来,请想一想你喜欢这个人的哪些方面。他很幽默?他很有爱心?

你可以看看下面这张表,圈出你认为这个人所拥有的五个品质。

有冒险精神	果断	乐观
有创造力	可靠	外向
友善	慷慨	坦率
有冲劲	忠诚	思想开明
开朗	有耐心	积极
善于听取他人意见	性格内敛	抗挫能力强
勇于承担责任	敏感	真诚
善于交际	强壮有力	有同情心
宽容	通情达理	

在你所圈出的五个词里面,再挑出两个最重要的。

最后,想一想在身边和你同龄的人中,有没有人拥有你挑出的这两种品质呢？如果有，下一步就是想办法怎么能和其中的几个人交上朋友。

对于你现有的不良朋友圈，离开是最好的选择，尽管这会让你有些难办，有些不舒服。当然，离开之后，你会有一段时间感到孤独，感到离群索居。但从整体上看，为了所谓的归属感而忍受集体带来的隐蔽欺凌是不值得的。

这时，你还需要关注一下你的自信水平。你可以列出一些你曾取得的成绩，这可以让你关注自己的积极面，激发你的自豪感，比如，想想你以前在舞台上成功演出的经历等。这段时间对你来说是一个好机会：一方面，你可以重访昔日彼此关心、共同奋斗的老朋友；另一方面，你也可以扩展社交圈，结交志同道合的新朋友。

记忆要点

- 把自己从压力环境中抽离出来。寻找具有你所认可的品质的良友。
- 写出你曾经取得过的成绩，这可以帮助你树立自信心，还可以帮你厘清自己的兴趣所在，以此扩展朋友圈。

案例 3

玛丽莎——她收到了匿名骚扰短信

类型：网络欺凌

这群胆小鬼连名字都不敢留，我完全不知道短信是谁发的。

我事后想想，觉得和马蒂的前男友汤姆约会可能是个不太明智的选择。可是，毕竟已经是"前男友"了，我为什么不能和他约会？我喜欢他，他也喜欢我。马蒂只不过是我的网友，她都不跟我在一个学校。

刚开始的几周，我和汤姆都对约会的事情保持低调。可是之后我开始不断收到匿名的骚扰短信，我就觉得我们的关系可能被传出去了。这群胆小鬼连名字都不敢留，我完全不知道短信是谁发的。于是我开始审视学校里的朋友，故意对他们有所隐瞒，看看他们会不会说什么。我并不想直接质问他们，因为我不想让他们觉得我在怀疑他们，毕竟这事也许不是他们做的，他们甚至可能都不知道这件事。我想悄悄找出到底是谁发的短信。这让我变得疑神疑鬼。我确实挺喜欢汤姆，但我开始怀疑,他到底值不值得我承受这样的骚扰。匿名短信还在继续。有时候是一两个字,比如"渣女"。有一次是"你就是个海鸥——专捡别人剩下的吃。"我该怎么办?除非我能找出到底是谁在发短信,否则我永远都没法和他们正面对抗。

❀ ❀ ❀ ❀ ❀ ❀

手机可以成为欺凌的介质,因为:

★ 使用手机可以是匿名的
★ 别人可以随时联系到你,不管白天黑夜。

对于手机用户来说,一旦遭到欺凌,你将无处可逃。不过,你可以根据需要设定可接听电话的时间段,并用白名单限制可以给你拨打电话的人。我们是手机的主人,我们有权在任何时候随意使用我们的手机。

另外,你一定要看清,发生这样的欺凌到底是谁的问题。请你遵从内心的智慧,把握好自己的生活。要知道,这不是你的问题,是欺凌者的问题。

当你收到这样不友好的短信,并且不知道发信息的是谁

的时候，产生焦虑是非常正常的。你可能会开始怀疑自己，会不太相信自己内心的判断了。

这时，你可以选择屏蔽发信人。他们很快会发现，你并没有被信息打扰到，你还有更重要的事情去做。

还有一种做法可能也会有用，你可以把骚扰信息转发给所有朋友，并附上一些类似这样的评论："嘿，看看我收到了什么。你们能想象居然有人做这么低级的事吗？真是可笑！"

这就是向大家表明，你根本没把这个发匿名短信的人放在心上。另外，这样做还有个好处，你的朋友们会受到你的影响，感到发匿名短信是一种非常讨人厌的行为。你为你的朋友们树立了榜样。

> **记忆要点**
>
> - 你要搞明白，发生欺凌到底是谁的问题，那可能不是你的问题。你可以屏蔽发信人。
> - 当你不想接电话的时候，可以关机。或者以轻松平和的语气把骚扰短信转发给朋友们，表明这些信息对你来说一点也不重要，这也是一种可以参考的做法。

案例 4

塔妮莎——她碰了一鼻子灰

类型：隐蔽欺凌

我应该像一个讨厌鬼一样，垂头丧气地走开吗？

  今天是我上学的第一天，我非常渴望有一个好的开始。我要尽快认识新同学，交到好朋友。学校迎新报到那天，我认识了梅格，她带我游览了校园。尽管之后我们没再联系过，但我希望正式开学之后她能找我一起玩，至少刚开学的前几天可以这样。也许我能认识几个她的朋友，她看起来是个很不错的人，所以我想，她的朋友们肯定人也很好。

  我看见梅格和一群女孩坐在一起。我想也没想，就径直走了过去。只要看看她们那样轻松、自信的外表，我就知道，她们一定是一群非常开朗的女孩。我的意图应该表现得很明显，我甚至觉得梅格扫了我一眼，她应该是看见我走过来了。她会做何反应呢？

  "嗨！"我站在梅格旁边，冲她打了个招呼。她连头都没

回，只是继续和朋友们聊天。也许她没听见？"梅格？"我又叫了一声。她快速把头转过来，冲我笑了一下，然后立刻转过身去，和同桌的其他女孩大声笑起来。她是在嘲笑我吗？她看起来不太欢迎我，也完全没有要把我介绍给其他人的意思。现在想想，迎新那天，大概是老师要求她带我逛校园的吧。那天，她看起来很友好，很乐于助人。

我应该像一个讨厌鬼一样，垂头丧气地走开吗？不，我觉得如果我也坐下的话，梅格至少会接受我的存在了吧。我看到梅格桌对面的木头长椅上还空着一块，我就走过去坐下。但是，我刚把午饭掏出来想放在桌上，另一个女孩立刻把她的饭盒推过来占了地方。

"抱歉，这儿真的没地方了。"她微笑地看着我说。我感到尴尬极了，抓起我的午饭掉头就走。我劝自己，肯定还有更好的地方能让我待着。我假装毫不在意。然而我在意，我非常非常在意，这是我上学的第一天啊。今天早上吃饭的时候，妈妈还跟我说，到学校的第一天是非常难忘的。她说得没错。

❈ ❈ ❈ ❈ ❈ ❈

人应该为了融入集体而改变自己吗？如果一个人觉得自己是个讨厌鬼，融不进他所期待的那个集体里，他就会对自己过分苛责。他的自我对话会变得消极，他会不断地贬低自己。

所以，如果发生被集体排斥的事，你应该退后一步，从更全面的角度来审视一下这个问题。首先，请你想一想，你是不是真的想要融入这群女孩。你可以先想想她们每个人的人格特质。她们和你匹配吗？她们的言行让你感到舒服吗？她们会做你平时做的事吗？如果你在融入集体之前先评估一下集体成员的人格特质和价值观，那是很棒的。如果你能挺胸抬头做自己，那就更棒了。

想要评估是否发生了欺凌，你可以采用角色扮演的方式，假如有人对你说了那些话，你会有什么感觉？你听到那些话心里舒服吗？刚来到一个新学校，刚进入一个新环境，对于任何人来说都是个新挑战。但是请注意，你完全可以先停下来观察一下，顺其自然地结交周围的人，慢慢形成自己的朋友圈。总有些人适合你，等着你去认识他们。

你还可以想一想最重要的事到底是什么，你不用非得和看你不顺眼的人待在一起。

一旦你做出了肯定的判断，就坚持你的决定。你可以跟家人、朋友聊聊你的决定。这些你信任的人会给你支持，让你知道，你做出了正确的决定。

在生活中，许多事并不总会按照你想象的样子发展。进入新环境的第一天并不总是美好的，你可能会有相当糟糕的体验。但绝不会永远这样下去。

你可以首先学着做自己的朋友。积极的自我对话会对你有所帮助。把头昂起来，礼貌友好地对待周围的人，努力把每一天都过得有意义。

记忆要点

- 注意自己内心的声音，尽可能保证内心的自我评价是符合现实的。做自己的好朋友。（了解更多关于积极自我对话的信息，请阅读"自我对话"那一章）
- 学会从全局的角度看待问题。保持自信——挺胸抬头，和别人谈话时有眼神交流，身体站直。

案例 5

约翰——有人在他的社交网站上写差评

类型：网络欺凌

从外表看，我还是和从前一样，但其实我的心早已碎成了一片一片。

那天下午，我正在玩一个掷骰子的游戏。游戏快结束时，我登录了一下脸书网（Facebook）主页，却发现竟然有一些对我比较负面的评论，是球队里的一些队友写的。我觉得他们写这样的留言应该也就是开玩笑吧，毕竟，他们都是我的好兄弟。这是我们一块打球的第二个赛季。因为我的失误，我们输掉了比赛。赛后，教练已经就这件事说过很多话了。但现在，看到别人说我是"拖后腿的"，我心里还是很难受。

所以我给杰伊打了个电话。

"嘿，哥们，那就是个玩笑。"他大笑着说。我真没想到他会这样说，那我该回答什么呢？是"好吧，对我来说那可不是个玩笑"？还是"是啊，确实是啊"？或者"好吧，我

觉得我确实有点拖后腿了。我没能打好配合"？最终我们也没聊出个所以然。整个下午我都在看球赛转播，我想借此忽略我的手机和电脑。

可是，我仍在想着那场比赛。我确实犯了许多错误。我们一直在防守，结果对方不停得分。"那就是个玩笑。"杰伊是这么说的。但我肯定笑不出来。从周六到周日，再从周日到周一，我主页上的评论还在继续。我强迫自己对这事一笑了之，我甚至努力跟着他们一起笑。我假装这事真的很有趣，假装这没什么大不了的，假装我一点也不在意。可在内心深处，我深深地受到了伤害。我吃不好，睡不好，连交作业也成了问题。

从外表看，我还是和从前一样，但其实我的心早已碎成了一片一片。最纠结的是，他们仍然是我的朋友。我每天中午还会跟他们一起打球，白天和他们一起上课，我们甚至还兴高采烈地讨论要不要去买几张决赛首轮的球票。

不行，我得做些什么了。

❈ ❈ ❈ ❈ ❈ ❈

约翰需要好好思考一下他和那些同伴们的友谊，可以回忆一下这些年他们一起愉快玩耍的情景。他可以跟同伴们好好谈一谈，让同伴们知道，那些评论究竟对他产生了怎样的影响。这可能会让约翰感到焦虑，毕竟，直接面对同伴讲出这样的事情是有风险的，但他应该这样做。他可以承认他在比赛时确实打得很烂，在这一点上，他同意同伴们的说法，但比赛毕竟已经结束了，大家不能揪住不放，要让生活继续前行。

约翰可以告诉大家他对那些评论的感受，告诉大家他需要他们的支持。也许对于其他人来说那就是开个玩笑，但那些评论给他带来了摧毁性的打击。他已经为比赛感到深深地自责了，他不需要其他人再来责备他。

直接同欺凌者进行交涉是应对这类情境的有效方法，特别是当你比较信任那些人，并且知道他们会听听你说些什么的时候。他们很可能意识不到这些玩笑会造成怎样的后果，所以要让他们知道。你要告诉他们你的感受，同时可以教育他们明白欺凌的负面影响。有时候，欺凌并不是故意的。一开始就是一个小小的玩笑，但之后可能会扩大升级，最终形成毁灭性效果。

如果你能肯定情况在你的掌控之中，并且你的情绪稳

定，能够应对这个问题，那么直面欺凌者将是最好的方式。

> **记忆要点**
>
> - 直面欺凌者，让他们了解你的感受，这是掌控情境的好方法。
> - 把你直面欺凌者的过程看成一次让欺凌者接受教育的机会，他们将会明白，自己的行为具有怎样的破坏性，这样一来，你就在无形中向更多人普及了欺凌的知识，将来也许会使更多人受益。

案例 6

丹尼——他收到了别人冒名写的信

类型：公开欺凌、言语欺凌

就在短短的几天里，我的世界突然失控了。

当卡姆告诉我，食堂布告栏上挂了一页我写的情书时，我是不太相信的。我觉得他在逗我玩。然而他没有。那是一封打印出来的假的电子邮件，落款是我的名字。我扫了一眼内容就立刻把它撕下来，攥成一团。

上课之后，我才把它打开，仔细读了读。

"哈米什：我们还在老地方见，好吗？别告诉别人啊！我也不会告诉别人的。——丹尼"

我的第一反应是想知道，为什么有人要这么做。有多少人看到这封信了？它挂在食堂布告栏上多久了？晚上回家时，我满脑子都是这些事。

"嘿，丹尼，我们能不能也在老地方见？"我走出校门的时候，有个家伙冲我挤眉弄眼，我都不认识那家伙。

"那封邮件不是我写的!别说得好像是我要把它挂在食堂里让大家看似的!"我生气地回了一句。不过,这还不是最糟的。

我打开了电子邮箱,第一封邮件写的是:"死基佬。"我又点开了一封,写的是:"我们会找你的。你的名字会出现在每一封信的结尾。"

我试着联系了哈米什几次,但他不接我电话。这事肯定不是他干的。第二天我没去上学。我骗爸妈说我病了。妈妈早上看了我一眼说我没啥事,所以我必须装得像一点。那一天,我又收到了一些邮件。我控制不住自己,就都点开看了。

"嘿,大情圣。是和你的朋友在家里吗?"

就在短短的几天里,我的世界突然失控了。这到底是为什么?校园里到处是不堪入耳的议论,我被搅得心神不宁。但那些人也都是说说就过了,我只能努力忽略他们,把注意力集中在我在意的人身上,比如哈米什。可是他最近也出奇地安静。一想到要上学,我就猛然间心生恐惧。但我总得为自己做点什么。

❈ ❈ ❈ ❈ ❈

在这种情况下，丹尼应该先后退一步，从全局考虑问题。

首先他可以浏览一些自助网站，了解更多的关于欺凌和歧视的知识。平等和免于歧视是所有人的基本人权，人们有权基于自己的性别和性取向进行自由选择而不受歧视。

一方面要了解这些知识，另一方面，丹尼也要回到学校处理和朋友们的关系。学知识可以让人暂时感到自己已经"全副武装"了，但真正到学校里进行操作又会是一个巨大的挑战。比如，丹尼就觉得自己可能已经无法面对更多的电子邮件和言语骚扰了。

另外，丹尼也可以屏蔽发件人，并学习一些放松技巧，这些可以帮助他降低焦虑，重返校园。想了解关于放松的更多信息，请参考"冥想和放松"那一章。

记忆要点

- 让自己学习更多关于欺凌的知识。这样你就会明白，遭受欺凌后，你产生这样的反应和感受是非常正常的。
- 若不想收到骚扰邮件，请屏蔽发件人。
- 学习放松技巧，帮助自己降低焦虑。
- 如果情况仍然没有变化，请告诉一名你最信任的成年人。

案例 7

梅隆妮——朋友们不跟她玩了

类型：隐蔽欺凌

珍说没有聚会的事，露西说她们还在考虑。我知道她们中肯定有人说谎了。

现在回想起来，我觉得事情就是从我父母分居开始的。那时候，我在两个家之间穿梭，完全没办法找到生活的节奏。有时候就是因为一些小事情，比如我上学要用运动装备或者穿什么衣服，而东西却在另一个家。再比如，我也没办法在两处都准备一整套化妆品。

尽管我跟爸爸妈妈相处得都挺好，但他们两个好像没什么要和睦相处的意思，这让我很沮丧。我是说，我明白他们分居了，但他们至少可以给对方应有的尊重和友好态度吧？

我最近老是回想起从前我们一家人开开心心在一起的情景。上课时，吃饭时，运动时，都会想。我发现这事没办法跟别人聊。也可能是因为一旦聊了，这些事对我来讲就变

得更真实了。所以我越来越喜欢一个人待着,和朋友们渐渐远离。这大概是对的吧。毕竟她们看起来都比我快乐得多。

我仍然在脸书上和她们联系。这比现实中的联系容易多了。你可以随便选一个你想聊的人,聊多聊少随你便。有时候我发几个字就下线去写作业了,待会儿回来再接着找人聊聊。

几周过去了。事情慢慢地安定下来。爸爸带我进城,给了我一些钱让我买衣服和化妆品。那天上学时,我听见珍和露西说准备上网讨论周末聚会的事。她们说会发信息通知大家。我正好没什么作业,就出去跑了会儿步,洗了个澡,又和爸爸吃了晚饭。9点钟我上网查看,发现没有任何信息。

我给露西发了短信,她没回我。我又给萨尔和珍发了短信。萨尔没回我,珍回复了。她说她不知道聚会的事。但我能肯定她知道。也许是我搞错了?我花了半小时浏览我主页上的朋友动态,想要找到一点关于聚会的蛛丝马迹。

这时,我的手机振动了一下,是露西的短信。

"还在考虑是否聚会,确定了会告诉你。露西。"

我忽然明白,我被她们排除在外了。我一下子想起了最近在学校里的点点滴滴,她们的表情,她们在我主页上简短的留言，很礼貌，但再也不复往日的温暖与俏皮。还有露西的短信也是这样。珍说没有聚会的事，露西说她们还在考虑。我知道她们中肯定有人说谎了。

在接下来的几天里，我避免和好朋友有任何亲近的接触。我感到自己很可怜，我多么渴望有人能过来关心我，抱抱我，问问我最近过得好不好。可是没人。没人对我产生哪怕一丁点儿的注意。

我变得更退缩了。很显然，我是个彻头彻尾的失败者。我是个可怜虫，我好像什么也做不了。唯一的办法就是让爸爸妈妈重新在一起，但这是不可能的。

那次聚会似乎特别好。整整一周，她们都在兴高采烈地谈论着。看来，她们没让我去是对的……

❈ ❈ ❈ ❈ ❈

梅隆妮被群体排斥了，这是隐蔽欺凌的一种常见形式。这告诉我们，欺凌有时是一种自然发生的社会现象，令人难以识别，非常隐蔽。你感觉到有什么地方不太对劲，但又不太能肯定。许多人需要花些时间才能根据线索发现自己被欺凌了。

这种形式的欺凌和所有欺凌一样，都会让受害者产生无力感，就像梅隆妮那样，更愿意缩回自己的世界。这类欺凌可能会影响我们的免疫系统，降低睡眠质量，增加焦虑和抑郁情绪。

我们帮梅隆妮重新审视了一下当前的处境。在过去的几个月里，梅隆妮的生活出现了新的挑战：父母分居，两头奔波，接受父母不再重聚的事实，等等。这些都会影响她的情绪和行为。有没有可能是因为情绪不好，她先开始和朋友们疏远？朋友们会不会也感到被她排斥了？朋友们的疏远是不是一个信号，提示梅隆妮应该去寻求专业的心理咨询，来帮助她接受父母分居的事实，应对生活的剧变？

有时候，生活方式的显著变化本身就会引发人们的抑郁。梅隆妮形容的症状跟这就十分类似，比如，不愿与朋友们往来，注意集中困难，常常感到难过，等等。

梅隆妮还可以考虑向朋友们解释，让她们了解她最近都经历了些什么，寻求朋友们的支持。这样，她们也许就能理解梅隆妮并不是有意要疏远她们的。

有时候，可能是你自己的行为和态度导致了大家对你的疏远，这对你来说是个提示，也许你需要做出一些改变了。

如果梅隆妮能为自己设立一些目标,可能会有所帮助。开始的目标可以小一点,要尽量容易达到。适量运动、充足睡眠、保证营养,这些都是可以考虑的目标。

她还可以设立一些长期目标,比如培养一个新爱好,加入一支运动队,等等。

> **记忆要点**
>
> - 主动接触你的朋友,告诉他们你的感受。
> - 如果你的行为影响了社交,就试着改变行为,这可能会有帮助。
> - 为自己设立短期和长期目标。

案例 8

嘉莉——她发了张照片，结果受到了网络欺凌
类型：网络欺凌

第二天早上，我一进教室就感到有点不对劲了。

　　我是新来的。吉米是个超帅的男生，许多女孩都喜欢他。有一天中午，吉米偷偷跑到我身边跟我说，要是我能发一张私密照给他，他就做我的男朋友。他故意在"私密"这个词上顿了顿，搞得我脸上滚烫，手却冰凉。吉米在学校真的非常受欢迎。要是能做他的女朋友，那将是我融入新学校的最好方式。我想，如果我给他发照片，他就一定会明白，我也是喜欢他的。当然，只给他一个人发。

　　我站在镜子前端详自己，有那么一瞬间，一种恐惧的感觉像电波一样从头传到脚。我是不是在做一件很愚蠢的事？但是吉米看起来非常友善，而且很认真。也许他在用这种方式确定，我是不是他要找的那个人。显然，这样只在我们两个人之间传递的照片能够迅速拉近我们的距离。于是我自

拍了一张上半身的裸照发给了吉米,我希望他会喜欢这张照片,也希望他明天就会来和我约会。

第二天早上,我一进教室就感到有点不对劲了。我刚刚在窗边露出头,教室里的嬉笑声就一下子停止了。我发现所有人都在看我。上课的时候,我回过头看了吉米不下十次,可他一次也没看我。

"到底出什么事了?"最终,我忍不住问了问同桌瓦妮莎。她不屑一顾地说:"你做了什么自己不知道吗?"

"我不知道你在说什么。"我回答。但其实我已经知道了。我再次回头看了吉米一眼。

瓦妮莎接着说道:"我哥哥的手机收到了一张你半裸的照片。"她鄙夷地看着我。

我崩溃了。我飞一样夺门冲出教室,老师在后面说了些什么我也没听见。我不敢相信吉米居然那样做。我那么信任他,他竟然是我好朋友的哥哥,他手上有我的照片,还有谁有?也许半个学校的人都有了!我到底做了些什么!

我想起了以前学校请人来给我们做讲座,专门讲到网络安全问题,讲到隐私图片的传播,我真后悔当时没有好好听。我自拍的时候压根儿没想过这会涉及隐私图片传播。

我其实听到过，有些孩子为了谈恋爱会发送私照。我还记得做讲座的人说，一旦图片开始传播，你就再也控制不了它最终会落在谁的手里了。如果图片拍的是未成年人，还会构成犯罪。我当时怎么就没有先想想这些！

瓦妮莎根本就不会同情我。我已经碰过钉子了。我想了吉米可能发照片的所有人，大概有几百个！这张照片可能已经开始传播了，每个人可能都看到了。以后我还怎么见人啊！

我在路上走着，仔细回忆我做的这一整件蠢事。我为什么要相信吉米？我怎么就不想想会有什么后果？现在至少有一点可以肯定了，那就是吉米远不像我一开始想的那么好。他是从一开始就计划好的吗？他不怕被抓吗？我站住了。显然，他觉得他肯定能置身事外。谁会跳出来说他呢？那些收到图片的人肯定不会。也许我是最应该站出来的人。

我给吉米发了一条短信，告诉他我已经知道他做了什么。我语气讽刺地"感谢"了他，"感谢"他对我如此的"尊重"。我还告诉他，我打算向学校报告这件事，他传播我照片的行为是违法的。我想这大概能吓到他。

其实我也不会真的向学校报告，我只是觉得，要让吉米叫他的朋友们删照片，避免继续传播，这已经是最好的办法了。死马当活马医吧。我很绝望。

当晚，我收到了瓦妮莎的短信："我不知道你做了什么，但我哥哥把他能删的照片都删了。做得好，嘉莉。"

❈ ❈ ❈ ❈ ❈ ❈

正如上面所讲，发自己的裸照是一种非常不明智的行为。嘉莉完全没法知道自己的裸照将落入谁手。如果父母看到她的手机怎么办？如果她和男朋友分手了怎么办？男朋友也许会用这些裸照来威胁她。另外，如果拍裸照的人未成年，还有可能造成严重的法律后果，接收照片和传播照片的人都会有麻烦。

如果你发现你的照片已经被人发上网或者发给他人了，那么请立刻采取行动。联系网站管理员，要求他们删除照片。或者就像嘉莉那样做，警告对方说要举报这件事，对方也许会因害怕而删除照片。更重要的是，未成年人的自拍裸照涉及严重的法律问题，这一点你必须知晓。

记忆要点

- 在这种情况下,你必须主动采取行动控制事态发展。
- 要注意传播未成年人裸照的法律后果,要确保你的朋友们也知晓这一点。
- 如果事情已经发生,要尽快删除照片。
- 压根儿就不要这样做!不要拍裸照,不要发裸照,不要传裸照!

案例 9

阿希莉——罗伯特总是用言语攻击和羞辱她

类型：公开欺凌、言语欺凌

还能怎么办，我只好耸耸肩，告诉朋友们我不在乎。

罗伯特

  好吧，我也不绕圈子了。我确实对新来的那个叫阿希莉的女生感兴趣。她们一群女孩经常和我们一起玩，我想方设法地吸引她的注意。我总是陪她一块儿回教室，找机会坐在她身边。我先要让她知道我对她感兴趣。不过我一直没找到什么合适的机会表白。

  周五的时候我忍不住了，直接走到她面前跟她说，我觉得她很好，问她愿不愿意周末来我家玩。她说她很忙，不想来我家。必须承认，当时我感觉很受伤，也很窘迫。而且之后我的两个好朋友一直笑话我"自作多情"，这让我更郁闷了。

  还能怎么办，我只好耸耸肩，告诉朋友们我不在乎。我

告诉他们，阿希莉拒绝我真是我的幸运，我终于看清了她的真实嘴脸。我说，我很高兴她没答应我。

如果我再见到她，我会告诉她说，她不太适合我们学校，她需要调整她的态度。我这是为她好。

阿希莉

我不知道罗伯特为什么老是针对我，反正从我来到这儿的第一天他好像就是这样。他有时候像春天一样温暖，有时候又突然变得像神经病一样，然后可能又会变好，如此往复，捉摸不定。我会跟一大群朋友一块儿玩，他只是其中一个。直到他邀请我去他家的时候，我才发现，他并不只是想和我做朋友这么简单。我真的对他没有那方面的兴趣，所以我告诉他我很忙。我回绝得非常坚定，但我希望自己的态度尽量友好。

可是之后的事情变得更糟了。他好像接受不了我的拒绝。其实我还是很乐意和他做朋友的，就和其他人一样。我现在还不想谈恋爱，我想和大家在一起。但是他心里就是过不去。他跟我说，我犯了大错，说我显然不适合他们学校，反正就是这些乱七八糟的话吧。他会嘲笑我，我说什么他就抬杠。他抓住一切机会贬低我，尤其是在大家都在的时候。

我只能躲着他，可是这样一来，我也不得不失去其他的一些朋友。我甚至转了班，但似乎也没什么用。我跟几个朋友说了这事，但她们也不知道该怎么办。

❋ ❋ ❋ ❋ ❋ ❋

在之后的日子里，阿希莉的朋友们发现，她不再和他们一块吃午饭了。大家都看到她来上学了，可是到午饭的时候，她就不知道去哪儿了。莎拉有一回在图书馆里看见了阿希莉，但也只有那一次。朋友们都开始担心她，大家讨论着怎么能帮帮她。

莎拉跟妈妈说了这件事，妈妈告诉她，罗伯特的行为是一种欺凌。当他被阿希莉"拒绝"后，他用贬低性的语言来显示自己的力量和控制感。妈妈进一步解释说，阿希莉的朋友们其实在充当"旁观者"的角色，因为她们清楚地知道欺凌正在发生。妈妈说，作为旁观者，她们是在容忍欺凌行为的存在，甚至在某种程度上鼓励了罗伯特继续进行骚扰行为。旁观者在欺凌过程中也起到了一定作用，强化了问题。莎拉听了这些以后很惊讶，原来她们的行为也助长了欺凌。

阿希莉的朋友们想要知道，到底该怎么帮助阿希莉。她们聚起来商量对策。

第一步是要有人告诉罗伯特，他正在做的事就是一种欺凌。由于他的欺凌，阿希莉现在已经变得情绪低落，并且开始自我孤立了。她们还觉得，有必要让罗伯特了解更多关于欺凌的知识及可能产生的后果。

第二步，她们打算让罗伯特明白，大家非常不认可他的行为，他做得非常不对，应该立刻停止。她们还觉得，应该让全校同学都了解更多关于欺凌的知识。在老师的帮助下，她们探索了一系列反欺凌的活动和项目，希望能够在各个班级实施。最后，她们还要把学到的东西告诉阿希莉，让她知道，从此以后，朋友们会全心全意支持她。

旁观者的支持

我们都有人权，我们也有义务尊重和保护他人的人权。由旁观者变为"干预者"就意味着主动采取行动保护他人的人权。

记忆要点

- 明确告诉你的朋友,你绝不会参与对你朋友的欺凌行动。
- 面对欺凌,决不能袖手旁观,更不能鼓励。
- 不要对别人进行骚扰、辱骂或散布流言,在网络上也不行。
- 如果收到可能对别人造成困扰或冒犯的信息,不要回复,不要转发,立刻删除。
- 鼓励被欺凌的人寻求帮助,比如,陪他们去找能帮忙的人,或者告诉他们可以去哪里求助。
- 看到欺凌现象,请报告给权威机构或其他你信任的人,比如学校的老师或者咨询师,工作场所的上司,等等。如果欺凌过于严重,请报警。如果是网络欺凌,请报告网管。

案例 10

莱拉——恶毒的流言

类型：公开欺凌、书面欺凌

我们这儿不要婊子。滚回家吧，莱拉。

莱拉·约翰逊

  年龄   15 岁

  星座   狮子座

  爱好   时尚、运动、模特、健身

珍妮·李福特

  年龄   16 岁

  星座   摩羯座

  爱好   橄榄球、帅哥、聚会

"莱拉完全无视我。你看看她跟咱们在一起时的样子，还有她穿的那副德行,她以为自己简直他妈的美翻了。"

"珍妮,那是因为她确实是啊。"

"确实什么?"

"确实美翻了。"

"闭嘴吧,阿迪。你就不想知道莱拉的真实嘴脸吗?"阿迪和其他几个伙伴闻言立刻凑过来,迫切地想听八卦。如果说有人知道莱拉的八卦,那就一定是珍妮了。"其实她就是个荡妇。光是今年她就已经换了4个男朋友了。而且他们还都是一个球队的。"

当莱拉得知珍妮在背后怎么说她的时候,简直不敢相信。当她发现有人在她的英文课本扉页潦草地写下的大黑字时,她更震惊了。

"滚去别的学校吧,婊子。"

她怀疑这是珍妮写的,但无从印证。几天以后,她惊恐地发现,食堂布告栏上钉了一张纸:

"我们这儿不要婊子。滚回家吧,莱拉。"

午饭时,莱拉的朋友简找到了她。"你打算怎么办?你肯定特别难受吧?"

莱拉承认,看到这些话,她的确非常窘迫,但她更气愤

的是，为什么那些人胆小到不敢当面来说这些话。莱拉考虑了一下她的处境。她还没准备好直接采取行动，她不想直接和珍妮当面锣、对面鼓，正面冲突极有可能演化为撒泼打滚的闹剧。那样就是给现在的情况火上浇油，事态发展将会失去控制。她希望能有什么办法让珍妮知道，她已经怀疑是珍妮在散布流言了，但最好不要激怒珍妮。

周末，莱拉把整件事情告诉了姐姐。"我知道这背后就是珍妮在搞事，但我不想直接告诉她我知道了什么，我不确定她会有什么反应。我觉得她会毁了我。"姐姐建议莱拉使用"迷雾战术"。迷雾战术可以挫败对方的企图，同时又不会直接和他们起冲突。

"看到那些糟糕的话，你可以开个玩笑或者说一句搞笑的点评，让对方觉得你根本就不在意他们说了什么。或者你也可以假装同意他们所说的，这样一来，他们就拿你没办法了。"

"那具体该怎么做呢？"莱拉问。

"比如，下次你再见到食堂布告栏里写了什么，你就可以在珍妮身边大声说：'哎哟，有人泄露了我的国家机密！'或者：'天哪，哀家的真容被他们发现了！'然后，哈哈大笑着走开就行了。"

"哦,我明白了。"莱拉说,"我只要假装顺着他们的意思来,让他们看到这些东西对我根本构不成什么困扰,甚至我还觉得这些挺搞笑的,那他们就会停止了。"

姐姐还解释说,珍妮她们之所以编造这样的流言,只是为了显得自己更强大、更重要。一旦把这些流言开成玩笑,就好像釜底抽薪,珍妮他们良好的自我感觉一下就没有了。

第二天上英文课时,莱拉打开课本,专门翻到了扉页写她是婊子的那行字上。她转向简,以确保珍妮能听见的音量说道:"嗨,简,你看看有人在我书里写了什么……他们连'婊'字都写错了!"她们大笑起来。莱拉接着大声说道:"好吧,要是我是个婊子的话,那我得赶紧去工作了。简,这周末咱们在哪儿聚会?"

接下来的几天里,不管莱拉看见什么或者听见什么,总是把这些事讲成笑话。这对她来说并不容易,毕竟在内心深处,她感到非常受伤。但她明白,那些女孩之所以这样诽谤她,就是为了让她难过,莱拉下决心绝不表现出怯懦的样子,绝不让她们得逞。

让莱拉没想到的是,迷雾战术居然这么快就起作用了。

并且她也发现，能够把那些中伤的话开成玩笑，真的很好笑。不过，诽谤能够终止，还是令她非常开心的。

还有一件事让莱拉觉得很好笑，那就是珍妮的一个朋友居然也想参加她们这周末的聚会……

记忆要点

- 把糟糕的情境开成玩笑，可以有效缓解情境的尴尬。这就是迷雾战术。
- 要体察自己的情绪，不过别让负面情绪影响你对环境做出积极的应对行为。

案例 11

比利——他遭到了种族歧视

类型：公开欺凌、言语欺凌

我跟着他们一块儿笑了，但我心里很难受，我知道我并不是他们中的一员。

嗨，我叫比利。我是一个托雷斯海峡岛民，因为来墨尔本上学，所以现在住在墨尔本。我们学校里有不少小孩都是少数族裔，但我还没遇到有谁和我一样是来自托雷斯海峡的。我真的很想家，很怀念和我的小伙伴们一起渔猎的时光。家乡的水又清又蓝，我们有时候会捕捉海龟来吃。我知道，来墨尔本能接受更好的教育，这对我来说是件好事，可我也很想奶奶，奶奶知道我要去墨尔本时都哭了。

大家对我都还不错。是啊，是那种"不错"。他们会问我穿着衣服是什么感觉，说得就好像我们以前都不穿衣服似的。他们有时候会开玩笑似的假装成袋鼠，一跳一跳地冲我喊："来啊，抓我啊！"他们甚至都不知道，在我们岛上压根

儿没有袋鼠。看到这些我会哈哈大笑,因为他们看起来真的特别傻帽。

上周放学时,老师罚我留下不许回家,因为我没刮胡子。我跟老师解释说,在我们的文化中,第一次刮胡须要由我舅舅进行。这在我们民族是一项重要传统,已经延续了千年。这相当于我的成人礼,下个月我就要回家去进行这个仪式。为了庆祝我们这些男孩正式剃须,长大成人,到时候会有歌舞和盛大的宴会。我还从网上找了一些资料给老师们看,他们终于明白了。不过他们还是告诉我让我回家把胡子刮了,因为我看起来太邋遢了。也许,对于他们来讲,我们的民族仪式不过是个笑话吧。

这让我想起来,某天放学后,有个同学邀请我去他家玩的情景。那天很晚了,天都黑了,他们把灯关掉,大笑着说:"嘿,比利,把眼睛睁开,这样我们就能看见你啦!"我跟着他们一块儿笑了,但我心里很难受,我知道我并不是他们中的一员。但是,你知道吗?我其实很庆幸自己不是他们中的一员。他们从来没有离开过墨尔本,不知道墨尔本外面的世界是什么样子,他们对我的家乡毫无概念。我们的家乡,山水如画,我们的文化,源远流长。我大概再有一两年就准备回去，用我接受的良好教育造福家乡的人民。那些人调侃我的肤色和文化，这一点也不好笑。这只能体现他们缺乏教养，是一群充满偏见的井底之蛙。我很高兴自己能有机会看清这一点。

❈ ❈ ❈ ❈ ❈ ❈

比利明白，欺凌者是愚蠢的，于是他选择为欺凌者感到遗憾，而不是被他们影响。研究表明，欺凌者往往学业能力更差，并且思维方式具有一定的障碍，缺乏同理心。在欺凌者长大成人之后，还面临着更高的物质滥用风险，更易产生犯罪行为。还有一个有意思的调查结果显示，随着欺凌者长大，他们的人际关系会变得越来越糟糕。

那些欺凌比利的男孩们充分展示了什么叫文化认知缺乏，这实实在在地反映在了他们的偏见态度上。比利能够看清这一点，并且不受他们的影响。他做得很好。有一句话说得好："生活有时会扔给你一坨屎，但你不必非得接住它。"比利就是这样做的。

记忆要点

- 调侃他人的文化、背景、种族，也是一种欺凌。
- 有些欺凌者水平真的太低了，我们只需要对他们表示遗憾就够了。毕竟他们知道的也只有这么多。
- 欺凌者自己也会面临很多问题，他们不一定应付得了。

案例 12

安东——他发现了吐槽他的网页

类型：网络欺凌

有一天，他心血来潮想搜搜自己的名字，看看会有什么。

安东从来不觉得自己"归属于"哪个团体。他的父母是俄罗斯人，一句英语也不会说。尽管安东从小就在这里上学，但他从来没有邀请过任何小朋友来家里玩，因为小朋友们都听不懂他父母说话，而且他们也不喜欢他母亲做的饭。谁会喜欢卷心菜鱼肉汤呢？安东也有几个能陪他一起吃午饭的朋友，不过他们的聊天也仅限于"今天作业做了没"这样的话题。安东对于交朋友毫无自信，他觉得，没人愿意和他在一起，自己也没有什么能给予别人的。

于是，他开始沉迷网络世界和电脑游戏。他开始期待快点读七年级，因为那样他就有一个新的开始，也许可以交到新朋友。他想象着，到时候也许会和朋友们一起出去玩。说不定还会有人喜欢卷心菜鱼肉汤呢。

七年级很快到来了，但安东没有交到任何新朋友，他还是觉得孤独。他把自己关在屋里的时间更多了，天天对着电脑。有一天，他心血来潮想搜搜自己的名字，看看会有什么。结果令他震惊。他发现了一个名叫"卷心菜味的安东吐槽页"的网站。里面全都是关于他和他家人的调侃和吐槽。安东不敢相信，别人居然是这么想他的。以前从来都没人跟他说过这些。有些评论真的太恶毒了，他感觉糟透了。

　　安东恨自己为什么是俄罗斯人，他多么希望自己生在一个正常的家庭，有一个正常的生活。他恨学校，更恨自己。

❈ ❈ ❈ ❈ ❈ ❈

　　我们不能说哪一种欺凌的破坏力更大，但这种形式的欺凌往往会造成长期的心理创伤。

　　这种形式的吐槽页是任何人都可以看到并可以留言的，许多人甚至都不知道你是谁，就可以随便在上面发表评论。他们为了谩骂而谩骂。种族歧视就是匿名评论的重灾区。再次强调，这种形式的欺凌针对的不只是个人，而是一个民族。不过，当该言论发生在个体身上时，每个人的感受和反应又不尽相同。

除了被学校里的同学歧视,安东还遭受了网络暴力。网络暴力是指,匿名或使用网名的网络用户,在网上发布恶意言论,煽动歧视、偏见、仇恨等极端思想的行为。他们喜欢在各种场合发表煽动性观点,"仇恨"就是一个完美的媒介。网络暴力造成的破坏几乎不可弥补。最好的做法就是向网络管理员报告,请求删除相关页面。网络管理员可以屏蔽特定的网站,并禁止网民继续发表评论。

安东提到,他大部分时间都是自己待在家里,他觉得自己没什么能给予别人的,所以也交不到朋友。这提示安东可能有抑郁倾向。抑郁是一种跨情境出现的典型情绪反应。大体来说,抑郁会影响人们的自我评价。抑郁的人在面对自己以往喜爱的事情时,也会失去兴趣。他们缺乏动力,感到悲伤,并回避社交场合。他们还会觉得自己是个彻头彻尾的失败者,觉得活着没有意义,还不如死了好。

有时候,你需要教教自己,怎么样才能让自己感觉好起来。

下面是一些简单的方法:

★ **持续努力**:努力去面对生活的挑战,别被甩出正

常的人生轨道。

★ 相信自己：相信自己有内在的力量，无论遭遇什么样的经历，你都会从中获得成长。

★ 静观你的思维：试着忽略那些负面的思维，怀着开放的心态迎接那些能帮助你不断前行的积极思维。

★ 呼唤内在的力量：相信自己，你有足够的力量和才智来应对生活中的任何困境。

★ 明白生活不是完美的：即便是那些最成功的人也会对生活有各种失望。关键是学会和失望共处，让自己不脱离正轨。

★ 直面恐惧：克服恐惧会让你变得更强大。人生不会没有恐惧，正是那一次又一次的恐惧让你成了一个更好的人。你不能只要花朵不要泥巴。明白恐惧的意义，你就能够更好地应对恐惧，最终把恐惧一脚踢飞。

此外，安东应该把这些事情告诉父母。他父母可能也经受着各种形式的种族歧视，他们会更理解这种感受。他们也许已经发展出了一些有用的应对方式，安东可以借鉴。另外，转学也许会令安东获益，那样他就可以把旧的回忆抛在身后，迎接新的开始。

记忆要点

- 明白什么是网络暴力。
- 发现网络暴力后，可以报告网络管理员来处理。
- 承认自己的不良情绪，并为此做出一些自助行动，比如浏览抑郁自助网站。
- 别忘了，父母可能会给你巨大的帮助和支持。

案例 13

马特——来自网游世界的打击

类型：网络欺凌

所以我给格雷格发了消息说，我得下周才能和他一块打12级。

11级！这对于刚进入网游《世界大战》6个月的玩家来说，是一个不错的战绩。我干得漂亮！这个游戏让我结识了来自世界各地的玩家，我认真练技能，积分排位很高。积分高意味着战斗能力强，这在《世界大战》里就是王道。每当我登录游戏的时候，我就能感到来自全网络玩家的敬意。根据这个游戏的设置，11级以前可以单打独斗，但12级之后，你就必须找一个搭档，共同战斗升级。

有个叫格雷格的人邀请我组队。他说，我们将会是一支不可战胜的团队。我觉得他说得没错。我们横扫千军，无坚不摧。我决定和他一块升到12级。虽然格雷格来自地球的另一边，但这无所谓。唯一的障碍就是，我得半夜1点爬起来跟他刷战绩。这也还好，反正我也不是那种每天需要呼呼大睡的小孩。只不过，期末考试下周就要开始了。

所以我给格雷格发了消息说，我得下周才能和他一块打12级。早几天晚几天又有什么分别？我告诉他，他可以先练练别的技能。谁知格雷格大怒。他说我完全是在拖他后腿，指责我说话不算数。

第二天晚上，我发现格雷格的状态显示在线，他和我一样，在打小怪。我看到他写给我的站内信，他说，我住在地球的另一边是我的运气，因为那是我唯一能安全待着的地方。

我给他回了信，再一次解释说，等期末考试完了，我很乐意和他一起组队。但他没有回复。接下来的几天里，我没有登录。周五晚上，我再次登录游戏，发现格雷格已经找了一个新的搭档。他还发布了公告，说我如何不靠谱，如何浪费别人时间，说我是个败类。就连他那个根本不认识我的新搭档也说我"打5分钟就跑……完全不管别人"。我感觉很难过。以前我在游戏中觉得自己充满力量，可现在，好像哪儿都不欢迎我了。

❋ ❋ ❋ ❋ ❋ ❋

看起来，马特不玩或少玩《世界大战》其实是一件好事，至少他现在可以全心全意去准备考试了，这算是因祸得福吧。马特在游戏中产生归属感是一种常见的现象，许多网游玩家都会有类似的感觉。网络游戏世界是一个虚拟世界，其中有在线的社交活动，能够模拟现实中的友谊、接纳，让人体会到荣誉感和掌控感。可是离开游戏，这些网络玩家却可能与人群隔离，无法在真实世界中获得相应的力量，这反过来加重了他们与现实生活的疏离感。但只要能坚持远离游戏一段时间，这种疏离感就会渐渐消失。

马特还遇到了一个问题——网络欺凌，这是他需要去处理的。对于这种在网游中欺凌别人的玩家，我们叫他"喷子"或"坑子"。喷子常常利用游戏作为平台，大肆进行网络欺凌。他们致力于破坏其他玩家的游戏体验。从描述中来看，格雷格就很像一个喷子。

在这种情况下，马特会感到非常难受，但他需要努力让生活回到正轨。格雷格有了新的搭档，马特则需要更多时间来完成学业。现在这个游戏给马特造成了情绪上的厌恶，正好借此机会，他可以好好学习了。坚持一段时间不打游戏之后，马特的整个身心健康亦会有所提升。

记忆要点

- 告诉别人,到底怎么回事。
- 不要回复喷子的信息。直接屏蔽他们。
- 报告网络管理员。

案例 14

瑞秋——别人拍了她的照片发给大家

类型：网络欺凌

"嘿，别这样，每个人长得都不一样，每个人都是独特的。"我忍着没有发火。

3月3日，星期三

尽管天气炎热，我还是把自己裹在三层衣服里。不然呢，我还能怎么做才能盖住我这丑陋肥胖的身体？离运动会还有两天。到时候大家说的肯定还是那一套。我知道她们是好心，她们会说我太在意自己的形体了。是啊，她们说得容易，这坨肥肉又不是长在她们身上。我该怎么办呢？说要去看牙医？不行，上周已经用过这个借口了。说我生病了？有点假。妈妈倒是没什么，只要我吭声，她就会给我写假条。就这样吧。

3月4日，星期四

今天天气凉了一点，不过我整天都待在图书馆里。加比过来跟我说："嗨，瑞瑞，别老闷着，出来玩啊！"我随口回答："谢了，不去。"但她一直在给我打鸡血、灌鸡汤，她总是一副充满正能量的样子，好像世上没有她解决不了的问题。"嘿，别这样，每个人长得都不一样，每个人都是独特的。"我忍着没有发火，只是嘟囔了两句，埋头做作业。

3月5日，星期五

今天简直是我有生以来最郁闷的一天。我先是把课堂笔记落在家里了！我跟芬威克老师解释说，我身体不太舒服。我甚至还让她打电话向我妈求证。但她不听我解释。接着就是体育课，我得在更衣室换上运动装。这让我非常惊恐。天哪！这太可怕了！我在更衣室磨蹭到了最后一分钟，只在上身套了一件肥大的运动服了事。我决定跟克莱默老师请假说我不舒服，这堂课就给她做助教帮忙吧。她人很好，肯定会理解的。

于是我在角落里换好了衣服，正准备起身，忽然感到一

下闪光。我真的吓坏了,赶紧回过头看。啊呀,是谁在拍照片吗?"喂?"我叫了一声,语气相当软弱。没人回答,我也没看见有谁在。可能是我产生幻觉了?于是我把衣服塞进书包,快速离开更衣室。

我看到的第一个人是阿曼达,她冲我笑着说:"嘿,你做到了!我们都觉得你不会出来呢。"她和另外几个同学笑着往操场跑去。

我看了看我们班,那边有几个女生,正嘻嘻笑着看手机呢。我一走近,她们就立刻跑开了。一整天,我总觉得他们肯定有事瞒着我,但我不知道是什么事。我紧紧挨着克莱默老师,帮助她做事。一下课,我立刻飞也似的离开学校,跑回家。是的,我是步行回家的。

那天晚上,我第200次下决心要节食减肥。这次是认真的!今天上学时,我看到所有的同学都在蹦蹦跳跳,他们看起来真是发自内心地快乐啊!如果有一天我能长得好看一点,大概也会像他们那样快乐吧?

我登录邮箱,惊讶地发现加比给我写了一封邮件。"嗨,瑞瑞,真的很抱歉,我得告诉你一件事。今天你换衣服的时候,阿曼达拍了一张你的照片,还群发给了我们。我知道这样做是不对的，所以我收到之后立刻删了……但是她们有的人还转发给了自己的男朋友……他们觉得这很好玩……真的很抱歉让你知道这些……不过你千万别告诉阿曼达我联系过你……我觉得你应该为自己做点什么……也许，你可以告诉芬威克老师？总之千万千万别让人知道是我告诉你的。"

3月6日，星期六

我觉得昨晚我哭了能有2小时吧。哭到后来睡着了。早上一醒来，我就立刻想起了这噩梦一般的事实。我照了半天镜子。妈妈看到了，就把我拉到客厅来。

"瑞秋？"她担心地叫了叫我。我把这件事从头到尾讲给了她。

❋ ❋ ❋ ❋ ❋ ❋

瑞秋把自己的遭遇告诉了别人，这就是为战胜欺凌迈出的第一步。能够得到他人的支持，这对瑞秋来说好处多多，别人会帮助她走出困境，重拾自信。多亏了加比给瑞秋发了那封邮件，这对瑞秋一定是个刺激，让她明白自己必须行动

起来，做出改变。

研究表明，超重或过瘦的人更易遭受欺凌。这种欺凌被称作"体重戏弄"。

体重戏弄会影响一个人的自我感受，使人对自身的审美产生畸形的认识。长期受到体重戏弄的人容易养成不健康的饮食模式和锻炼习惯。这会导致厌食症、贪食症、暴饮暴食等进食障碍。另外，体重戏弄会降低人的自尊，引发抑郁、自残行为，这些都是遭受欺凌者的典型反应。这样的行为模式还会产生恶性循环，一个超重的人心里越难过，越容易用吃东西的方式来安慰自己，然而吃完了以后感觉更不好，会陷入深深的内疚与悔恨中不能自拔。

这时，我们先要明确欺凌的具体情况。现在，瑞秋的欺凌正在进行中，此时让她冷静思考被偷拍的事确实有些困难。好在她妈妈已经了解了情况，另外瑞秋还可以去学校求助，找任课老师、驻校咨询师或者管理学生工作的老师谈谈，看看他们能不能提供一些合理的解决方法。

从学校角度讲，学校可以考虑给全校学生举行相关讲座，告诉他们什么是欺凌，欺凌会产生什么后果，对学生们进行科普和教育。学校也可以考虑让咨询师介入，和涉事的几个女孩聊一聊。还可以在学校里张贴反欺凌的海报，明确表示学校对欺凌行为绝不容忍。这都可以向欺凌者发出强有力的警示信号。瑞秋一定要先和妈妈商量希不希望学校在处理此事的时候提到她。无论学校采用哪种处理方式，都必须考虑瑞秋的感受，不能令她难堪。这是瑞秋有权决定的。

处理完欺凌问题之后，瑞秋需要考虑一下如何维持健康饮食，并进行合理运动（参见"营养"那一章）。她可以求助专业的营养师或私人教练，进行短期指导。专业人士能帮助瑞秋少走弯路，尽快让她的生活习惯回归正轨。瑞秋可以先制订一个八周计划，开始建立新的行为习惯，这对她大有裨益。

我们还建议瑞秋坚持咨询，找学校的咨询师或医院的大夫都可以。通过咨询，瑞秋可以提升自信，并学习处理因欺凌带来的情绪问题。另外，咨询师对她来讲也是另一种形式的"人际支持"。

瑞秋还应该设立一些目标，督促自己不断努力，很快她就能看到自己的进步了。

记忆要点

- 遇到问题，向一个值得信任的成年人求助永远是有好处的。
- 改变困境的第一步总是最难的。
- 向信任的老师或驻校咨询师求助。
- 记住，想解决问题，你可以主动行动。

案例 15

奥瓦尔——他收到了内容恶毒的私信

类型：网络欺凌

第二天我收到了回复，不过这次是人身攻击。

为什么我这么喜欢汤博乐（Tumblr）[1]？可能是因为我可以在汤博乐上随意发照片，写一些对我来说重要的东西吧。汤博乐让我有机会表达自己的感受，我可以在任何时候随时发布自己的所思所想，不论白天黑夜。我想，我看世界的角度大概和大部分人都不一样吧。我觉得，一般人根本不能了解生活到底有多艰难，生活的本质是多么的悲伤。我经常去浏览那些和我有相似主题的人发布的照片，那时候我心里就感觉好受些。

大概一周以前，有一些人开始留言鼓励我，这让我十分

---

[1] 目前全球最大的轻博客网站，这是一种介于传统博客和微博之间的全新媒体形态，既注重表达，又注重社交，而且注重个性化设置，成为当前最受年轻人欢迎的社交网站之一。

振奋，于是更努力地更新和维护主页内容。我给自己的汤博乐起名为"来自阴暗面的光"。然而紧接着，我就读到了一条令我震惊的留言。

"你的主页上说的都是废话，这样的垃圾主页还有什么好维护的。"我直接回复他说，我的网站在事实层面上帮助了许多人度过黑暗时期。第二天我收到了回复，不过这次是人身攻击。

"嘿，怂包，你要是真觉得那么难受，为啥不把自己团成个球滚到没人的臭水沟里去死呢？"

我没再回复任何话。这条留言真的惹到我了。毕竟，我只是想帮助别人。很明显，这个人就需要一些帮助，不过他自己不愿意。经他这么一搅和，我在理智上知道我的网页还是能够帮助别人的，但对我来说，那已经不是一片乐土了。

❋ ❋ ❋ ❋ ❋ ❋

奥瓦尔相信自己能够帮助同龄人渡过生活的难关，并为此设立了一个主页，这是一件多么好的事！可是，一些不了解内情的人竟然随意贬低他的成绩，实在让人感到遗憾。奥瓦尔不可能要求每个人都和他观点一致，但只要他觉得自己的所作所为确实能对别人产生帮助，就应该坚持做下去。

网络上的恶评会令人产生自我贬低的想法，会感到羞耻。但这样的想法恰恰使我们和欺凌者站到了同一阵营。我们会开始怀疑，难道他们说的是真的？不，绝不是！

对于奥瓦尔，下面是一些可行的建议：

★ **评估情境**：发消息的人是谁？也许就是个网络暴民，他们常常在网上随意发布煽动性言论，目的就是为了让别人难受。

★ **不要指望获得他们的理解**：有些人的观点是你永远无法改变的。执着于改变他们，你反而丢失了原有的目标。

★ **远离恶评**：尽力主动屏蔽这类评论，在情绪上远离它们的影响，留给自己一定的空间，这样也许会获得不同的视角。

★ **保持冷静**：不要为自己辩驳，不要琢磨着如何反击，这只会招致对方更无理的谩骂。这样的拉锯战正是网络暴民们乐此不疲的游戏，只要能让你不爽，他们的目的就达到了。

★ **保持理性的洞察力**：想想眼前这一两条恶评，再想想未来能从你这儿获益的许多人，哪个更重要？

为了让自己继续前行，你可以试着改变由网络恶评带来的不良感受（参见"自我对话"那一章）。你还可以换个角度来看待网络欺凌者，其实他们的见识很有限，接触不到更优良的信息，他们自己也需要别人的帮助，这样一想你也许会感觉好很多。为了修复你备受打击的世界观，你需要继续学习，更好地了解自己。总之，别放弃，那些网络暴民不值得你为他们这样做。

记忆要点

- 采取行动之前一定要先评估情境。
- 保持冷静。
- 你要明白：世界上有这么一类人，他们就是喜欢用各种各样的方法让别人不爽。
- 如果网络欺凌升级，记得求助政府组织，他们会帮助你应对欺凌事件。

案例 16

劳琳——她被朋友们排挤了。

类型：隐蔽欺凌

周一一上学，我立刻告诉其他女生，我买了新手机，她们可以给我发短信了。

那天是便服日（Casual Clothes Day），一般在这种日子里，我都有点焦虑。我努力穿得得体一些，尽量让自己好看。

一进学校，我就盯着那些衣着入时的女孩们，看看她们都是怎么打扮的。我觉得自己穿得还行，不算突兀。我穿牛仔裤倒也没什么问题，不过其他人的穿着好像是彼此呼应的，很匹配。很快我就得知，原来她们头一天晚上互相发短信联系过，说好了要统一穿着的。我觉得，如果我也提前跟她们联系，现在我也就是大部队中的一分子了。所以，那天晚上我恳求妈妈给我买个手机，我需要发短信。妈妈答应我说这个月底就会给我买。这样一来，我就能随时随地和同学们联系了，我们可以一起出去玩，一起看电影，我就可以和

她们在一块，而不是像现在一样被排除在外。我开始掰着手指数日子，又兴奋又难熬。我敢肯定，只要我拥有一部手机，我就和那些外表时髦内心自信的女孩们一样了！她们不是都有手机吗？这就是我和她们之间唯一的区别。

这一天终于到了！妈妈带着我去买手机。营业员给我们详细介绍了手机套餐的内容，我向妈妈再三保证我一定会省着用的。妈妈说，她也会帮我盯着，以免我把套餐用超。

周一——上学，我立刻告诉其他女生，我买了新手机，她们可以给我发短信了。我通过学校的电子邮箱把我的电话号码发给了所有人。

然而，令我惊奇的是，直到晚上，都没有人给我发一条信息。我觉得大家可能在做作业什么的吧。明天应该就会有了。

周二过去了，我仍然没有收到任何短信。难道我把信息留错了？没有啊！但我还是又给大家群发了一遍。次日早上我终于收到了一条信息。

"嘿，劳琳，呃……怎么说呢……你跟我们真的不太搭哎。"接着，我又收到一条短信，看那个发信人的名字，我都不认识："别发了，劳琳，我们没空理你。"

我盯着手机，感到一阵迷惑，还有点难堪。难道他们就是这么看我的吗？

❋ ❋ ❋ ❋ ❋ ❋

对于劳琳来说，能够被集体吸纳进来而不是排除在外，是非常重要的。但她最好先对自身做一个评估。

她是这样的人吗：

★ 她是否对事物有强烈的兴趣，看待问题有创造性的观点，而这些观点超越了某些人狭隘的认知，导致他们认为她是个"怪人"？

★ 她是否能和那些不被大多数人理解的人聊得来？

★ 她是否怀有开放的心态，愿意尝试那些令一般人感到害怕的新鲜事物？

★ 周围的人是否总是喜欢嚼舌根，导致她其实并不愿意和这些人为伍？

★ 她是否感到奇怪，为什么有些人总能那么轻易地融入集体，就好像他们有什么通关秘籍一样，可她怎么也做不到？

如果劳琳对以上每个问题的回答为"是",那么她应该为自己的独特感到骄傲!这份独特也许是一种力量,会引导她不走寻常路,她也许会得到更大的回报。

有"我不属于这里"感觉的人并不少见。这是一个契机,让你可以重新评估你想达到的目标到底是什么,也许你可以做出一些改变。

我们必须时刻铭记自己的最终目标。对我来说,融入一个特定的集体真的有那么重要吗?我能为这个集体带来什么?这个集体中的人是不是和我持有相同的价值观?我想和他们待在一块吗?他们是好人吗?看起来,现在这个集体似乎真的不太适合劳琳。她真的想和这种类型的女孩一块玩吗?

自我评估并明确重点之后,劳琳下一步要做的就是寻找那些和她志趣相投的人了。她需要想办法把这样的人纳入自己的生活。

记住,你可以是任何样子,凌乱、不合群、冷酷、聒噪、笨拙、滑稽、疯狂,怎么样都可以,只要那是你喜欢的样子。

记忆要点

- 世上并非人人都怀有善意。
- 了解你自己,知道什么是你应该坚持的。
- 记住,你是独特的,你可以尽情做最好的自己。

案例 17

蒂龙——他收到了不友好的短信

类型：网络欺凌

"你还有什么秘密瞒着我们？"

蒂龙非常喜欢班里一个叫娜塔莉的姑娘。他经常在食堂外面徘徊，就为了碰巧遇见她。有时候，他还会陪她学英语，帮她做作业。蒂龙从来没有将自己对娜塔莉的感觉告诉任何朋友。他想把这份情感默默地埋在心里。后来，蒂龙几乎不怎么和朋友们一块吃午饭了，他总是在寻找娜塔莉，希望能和她一块吃。

朋友们开始问蒂龙到底干什么去了。蒂龙总是借口说他还有作业没做，忙着补作业呢。有一天，娜塔莉请求蒂龙帮她看看自己的英文论文作业，蒂龙感到非常开心。他们约好了中午一块去图书馆。一起做作业的时光是那样的愉悦和短暂，于是他们约好，明天中午还来图书馆。

但是，朋友们很好奇蒂龙到底在忙什么。于是，第二天中午，他们开始满校园地找蒂龙。仅仅找了10分钟，大家就在图书馆的非小说类阅读区发现了蒂龙和娜塔莉。看到这些就足够了，大家都明白发生了什么。

蒂龙的朋友们开始给他狂发短信："我们知道你在哪儿。""玩得嗨吗，蒂龙？""猜猜谁才是最大的黑马？""你还有什么秘密瞒着我们？"

短信轰炸一直在持续。上学放学，校内校外，白天黑夜，没完没了。"花花公子，现在又在哪儿浪呢？"

"嘿，小蒂蒂，忙着呢？""还有空理理你的好哥们吗？"蒂龙早就料到一旦朋友们发现他把时间都花在娜塔莉身上，肯定会这样调侃他的。他本应该更小心一点的。

和娜塔莉一起做作业是一件非常开心的事，蒂龙不希望这样的美好被朋友们破坏。另外，狂轰滥炸的短信也确实令他不胜其烦。可如果就因为他和娜塔莉在一起就得和朋友们绝交，那不是也有点夸张吗？

❈ ❈ ❈ ❈ ❈ ❈

骚扰短信和欺凌短信之间的界限还是很明显的，你对事件的主观感受常常决定了事情的后续走向。在这个案例中，

蒂龙确实感到有些烦扰，但他还没有表现出自尊受损、羞愤、低落等负面反应。另外，朋友们的骚扰也没有影响他和娜塔莉的进一步接触。

如果蒂龙仔细考虑一下就会发现，他并不想失去这些朋友。但他也确实希望能有更多的时间和娜塔莉相处。他明白，朋友们的本意并不是要让他难受。但是，大家的短信轰炸确实非常烦人，他需要远离这些轰炸，否则事情可能会变得更糟。

下面给你讲一讲蒂龙是怎么做的，以及这样做之后取得的效果。

蒂龙决定对小伙伴们的说法表示同意，而非争辩或反驳，那样矛盾可能会升级。在这里，蒂龙使用的就是"迷雾战术"。迷雾战术是指，当别人说了一些具有攻击性的话语时，你以同意的态度作为回应。比如，本例中有个男孩发了一条短信："花花公子，现在又在哪儿浪呢？"蒂龙就回复说："当然是在花花公子们该去的地方喽。明天球场见。"这样的回答会令发短信的人出乎意料，同时化解了尴尬。这个回答还表现出了蒂龙对朋友的在意，因为他提到明天会去见他们。另外，这个回答相当地笃定，蒂龙表现出了坚定、开放、幽默的态度，这使得情况得到了巨大改善。

蒂龙还可以使用另外一种回答方式。他可以回复："在忙，先关机了。"这个回答同样不是为自己辩驳，而是清楚坚定地表态。这样一来，朋友们很快就会明白，蒂龙没有被这件事困扰，他们的骚扰没有得逞。他们可以好好地继续自己的生活，让蒂龙开开心心地去和娜塔莉相处吧。

> **记忆要点**
>
> - 被人调侃也有一个好处，就是你可以反思一下自己的行为是否有不妥之处；如果有，可以做出一些调整和改善。有时候，朋友们不知道他们跟你胡说八道的话会让你多受伤，所以你可以让他们知道。
> - 试试"迷雾战术"，看看如果对"欺凌者"们所说的话表示同意，会有什么效果。

案例 18

温——她收到了恐吓邮件

类型：公开欺凌、书面欺凌

这让我感觉很不舒服，我给她回了信说，她是个小公主，应该把注意力放在生活中更有意义的事情上。

我一直认为我和露西是最好的朋友。我俩焦不离孟、孟不离焦。我们是发小，两家人经常一块过假期。但随着露西交了男朋友迈克，我们美好的友谊开始发生了变化。当然了，她会多花时间陪男朋友，跟我在一起的时间肯定越来越少了。我开始感到有点被忽略。有时候，我们仨会一起出去玩，比如一块看个电影，或者周五放学后一块去市区逛逛。尽管我觉得自己像个电灯泡，但总好过一个人在家待着。

不过，令我惊讶的是，我和迈克居然相处得非常愉快。他是个特别幽默的人，我们很快就在脸书网上互加了好友。露西立刻表现得非常不高兴，她还给我发了私信，要我离迈克远一点。她以为我想挖她墙脚。但真的不是这样的，我只是觉得迈克是个不错的人，仅此而已。

这让我感觉很不舒服，我给她回了信说，她是个小公主，应该把注意力放在生活中更有意义的事情上。显然，这样的回复把矛盾激化了。露西大怒，她说她要告诉迈克，我就是个白莲花，就是个绿茶婊。她简直就像个泼妇，不过这没能阻止我继续和迈克保持联系，我觉得她闹够了应该就好了。可是她没有，她不停地闹，就好像我真的在追迈克似的，她可能也就是这么想的。这太糟糕了。爸爸妈妈总是问我露西什么时候来找我玩，我没告诉他们的是，我现在和露西已经见面不说话了。

接着，露西发短信说，如果我再跟迈克联系，她就会打我，她还威胁说让我在学校小心点。我简直不能想象，她居然这么恨我。要知道，我和迈克只不过互加了脸书，充其量算个网友。露西对我的攻击越来越激烈，说的话也越来越脏。我认真地思考到底应该怎么回复她，却完全不知道从何说起。

最终我是这样回复的：就这样吧，结束吧，永远不必再见。就这样，我失去了最好的朋友，我很难过。但是她的谩骂和攻击竟然变本加厉。我感到有点后悔，我本应在事态

失控之前就做些什么来结束这一切的。爸爸妈妈还在问我到底和露西怎么了，我只是告诉他们，露西总是和迈克在一起，没空理我。我没敢告诉他们脸书网的事，免得他们没收了我的电脑。我真的没有任何要抢走迈克的意思，我觉得是露西自己的安全感太差了。

❈ ❈ ❈ ❈ ❈ ❈

有时候，事情就是没办法解决的。它就是一团乱麻，我们只能努力地度过困难的时光。温已经尽力向露西解释她和迈克只是朋友了。但露西根本不愿听，只是执着地陷在自己的不安全感里。

有时，不安全感是由某些深层议题引发的，比如家庭生活、曾经的亲密关系、情绪问题，等等。如果你能明白这些，你就可以对缺乏安全感的人报以同情，并帮助他们脱离困境。不过，露西连续不停的攻击行为使她根本没有机会让温了解她的处境，这是一种防御行为。于是，温决定暂时和露西保持距离，这是一种合理的做法，温做出了积极的选择，使得自己免受攻击和欺凌。因为在这个时候，两人的关系已经不再是健康积极的友谊了，温及时将自己从火线上撤下来,是非常明智的做法。

朋友应该能让你精神振奋,让你欢笑,让你觉得被爱,觉得舒服。好朋友不会恶意地欺骗你,也不会故意伤害你的感情。当然,友谊的小船在海上航行时也会遇到波浪,但别忘了,你也可以为你们的友谊付出努力。

另外还有一个观念需要纠正,一时朋友未必是一世朋友。如果一段关系让你感到痛大于乐,那就需要重新考量一下了。

> **记忆要点**
>
> - 有些问题就像一团乱麻,未必总能成功地解决。但如果情况需要做出一些改变,我们也应该主动迈出第一步。
> - 在恶劣情境中,坚定地为自己发声永远是最好的回应。这样的回应在刚开始时可能有些伤人,但长期来看是有意义的。
> - 朋友是应该彼此支持、彼此在意、彼此激励的,如果这种氛围遭到破坏,你可能需要重新考量这段关系。

案例 19

尼尔——有人在球场上故意欺负他

类型：公开欺凌、身体欺凌 / 言语欺凌

"干得漂亮，尼尔！你比这小孩强多了！"他爸爸咆哮着。

  阿里是个铁杆橄榄球迷。他喜欢看球、聊球，尤其喜欢打球。他最喜欢的球队是斗牛犬队，关于斗牛犬队的一切，他如数家珍。他上小学的时候，他们学校所有的孩子都超级喜欢斗牛犬队。他们学校坐落于斗牛犬队球迷区的中心地带，距离球队主场只有一公里。

  现在阿里上中学了，新学校离原来的地方有十多公里远，他知道，他身边再也不可能有那么多斗牛犬队的球迷了。但他觉得，他仍然应该继续向大家展示他对球队的支持。只要一有机会，他就穿着斗牛犬队的球衣来上学。

  在学校球队第一次训练之前，阿里带来了一件印着斗牛犬队图片的上衣来上学，准备待会儿训练的时候穿。可是等他穿戴装备的时候，发现那件上衣不见了。他在更衣室一通乱翻，却一无所获。他还问了其他队员是否看见了他的上衣，大家都表示不知道。阿里只好忍着眼泪，穿着校服上了场。

尽管阿里满脑子想的都是那件丢失的球衣，但他还是很好地完成了热身和技巧训练。接着开始练习赛，阿里早早地就几次触地得分。

"干净利落！阿里，很不错！"一个教练在传球间隙喊了一句。几乎就是同时，阿里重重地摔在了地上。

"还好意思叫自己斗牛犬？不就是个小狗崽吗？瘪三！"一个雀斑脸男孩嘲笑道。他用膝盖顶在阿里的胸口。阿里努力想站起来，但那个男孩又把他推倒在地。

"放开我！"阿里大叫着，挣扎着站了起来。那个男孩跑开了。在后来的训练中，阿里一直留意防着那个男孩。后来，有个同学发现，那件斗牛犬队球衣被扔在厕所里。

"就因为我支持斗牛犬队？"阿里在回家的路上一直念叨。

那个周六，学校组织了一次校内练习赛，当然，那个黄头发、雀斑脸的男孩在阿里的对手一方。比赛刚开始，那个男孩就冲阿里跑过来。

他嘿嘿一笑，对原本防守阿里的那个球员说："你到那

边去，我来盯这个。"然后，他不断地肘击阿里，不管球到没到阿里手里。

"对啊，尼尔，就这样！让他老实点！"阿里听到一声喊叫，他转头往边线外看去，发现一个高个子男人正右手握拳猛击自己的左掌心，眼睛紧盯着尼尔。嗯，这是他爸爸，阿里暗想。

这会儿，阿里的队伍正在进攻。尼尔死死抱住阿里，阿里奋力想要甩脱。

"你挣不脱的！"尼尔低声说了一句，然后猛地一把推开阿里，跟跟跄跄地朝橄榄球冲去。阿里好不容易找到平衡，但是太晚了，尼尔已经一脚把球踢回了中场。

"干得漂亮，尼尔！你比这小孩强多了！"他爸爸咆哮着。

再次进攻的时候，阿里提前做好了准备。他虚晃一下，转身朝另一边冲去，尼尔完全没有反应过来。阿里接球，干净利落地传出，然后朝着球门冲去。

"干吗呢，你这个娘炮！"阿里听见尼尔的爸爸冲自己的儿子大喊大叫，"真是废物！"

阿里什么也没说，只是继续跑动。他刚刚为自己的球队斩获了第一分。

这的确是一场激烈的比赛。阿里努力让自己全神贯注在比赛上。赛后，他才有空想一想，刚才到底发生了什么事。

❋ ❋ ❋ ❋ ❋ ❋

这个案例是从另一个角度来理解欺凌行为的发生的，从而帮助受害者更好地应对欺凌情境。这样的换位理解可以让阿里明白，处理欺凌行为绝不是一朝一夕的事情。尼尔对阿里的欺凌是从父亲那里习得的行为，在父亲对他长期的抚养过程中，这种模式已经深深地嵌在他的生命里了。事实上，尼尔可能根本都没意识到他的行为是一种欺凌。他可能只会用这种方法和别人发生互动。

父母如果总是以讽刺挖苦的态度对待孩子，孩子的自尊自信就会严重受损。并且，如果孩子从父母那里学会了这种欺凌嘲讽的行为模式，长大以后就很容易变成一个欺凌者，他们将来想要发展健康的人际关系时，可能会遇到严重障碍。

所以，对于尼尔的这种行为，最好的做法就是少反馈，多忽略。最好是让尼尔发现他的骚扰行为并没有起到什么效果，那么他的欺凌行为就会慢慢消退。

阿里也许不知道，随着尼尔长大，他的欺凌行为可能会

发展出以下后果:

- ★ 酒精成瘾或吸毒
- ★ 打架斗殴
- ★ 毁坏公物
- ★ 辍学
- ★ 犯罪
- ★ 虐待家庭成员

长期来看,欺凌者的生活质量堪忧。

所以,阿里只需要好好打他的橄榄球就好了,不用想太多别的,他甚至应该同情尼尔有那样一个老爸。

> **记忆要点**
>
> - 欺凌行为往往是习得的,而且常常是从父母那里习得的。
> - 忽略,可能是对欺凌行为最好的应答。
> - 随着欺凌者长大,他们的生活可能产生各种各样的麻烦。

案例 20

玛琪——有人在网上 P（处理）了她的照片

类型：网络欺凌

她刚看了第一条，就开始反胃。

玛琪喜欢和朋友在一起做各种各样的事。她觉得自己是集体中的一员。大家非常团结，彼此之间什么话都能说。好朋友不就应该是这样的吗？你最需要她们的时候，她们就在那里。

只要她们聚在一起，就叽叽喳喳聊个没完。玛琪说话比较少，听的更多。玛琪也不是没话说，只是别人总能把她想到的抢先说了，她总找不到机会张嘴。

有时候，大家会浏览彼此的脸书网主页，看看最近谁又和谁一块出去玩了，常常是几百张图片在刷屏。玛琪也喜欢看别人的主页，看看别人穿什么啦，谁跟谁在一起啦，还有男孩们的搞怪自拍之类的。

一天晚上，有个女孩很随意地问玛琪要脸书网账号密

码。玛琪有点不太情愿,她觉得密码这种东西怎么能随便给别人呢。但她们是好朋友啊,她们肯定不会伤害她的。而且,这个女孩还说,她们朋友之间都是共享密码的,如果玛琪也拿出密码,那她们就是真正的"好朋友"了。

"嘿,玛琪,你还不明白?把密码给我,这样在遇到问题的时候我们才能保护你。"

玛琪同意了,她以为那个女孩也会把自己的密码给她。毕竟,保护是双向的,难道那个女孩不需要同样的保护吗?当然,她没主动提,她只是默默地给出了自己的密码。

朋友们再次聚会的时候,玛琪有了一些不太好的感觉。她说不出是哪里不对,但就是觉得和以往不一样了。她发现大家互换着奇怪的眼神,好像她们之间有一条看不见的线,从一个人到另外一个人,然后又忽然消失不见,好像什么都没有发生过。玛琪什么都没说,她一向善于伪装出一副没事的样子。第二天下午放学,她没去找其他朋友,而是自己去了图书馆。这学期开学刚转来一个女孩,叫阿曼达,总是约她一块来这间新开的图书馆,阿曼达说,那有很多好玩的东西。

走进图书馆,玛琪一个熟人也没看见。她找到一台电脑，登录了自己的脸书网账号。她惊讶地发现，收件箱里有好多信息。可她头一天下午才查过的，那时候她的信箱还是空的。

她刚看了第一条，就开始反胃。这条消息不是只发给她一个人的，而是群发给所有朋友的。那些话实在不堪入目，她的眼泪差一点就掉下来了。下面还有一张照片，是从她的脸书网相册里复制下来的头像，不知是谁把她的头像拼在了一张黄色图片中，底下还写着："嗨，给我打电话……"后面跟着她的手机号。玛琪感到天旋地转。她快速关了电脑冲出图书馆，却一头撞在正往里走的阿曼达身上。

"嘿！"阿曼达大叫了一声，可玛琪只是埋着头继续跑开了。

❈ ❈ ❈ ❈ ❈ ❈

这个情况已经相当严重了。玛琪应该立刻将这个情况告诉一名她信任的成年人（家长、学校咨询师、其他成年朋友，等等）。他们可以帮助玛琪一块应对扑面而来的各种情绪，比如羞愧，她可能会觉得这样的事是因为她不好才发生的。

玛琪面对这样的情况可能不知所措。她可能还会觉得

被自己曾经信任的朋友们排挤了,她会觉得难过。这时候,玛琪可以考虑做心理咨询,这可以给她支持。她绝不要独自扛起整件事。

考虑到这是网络欺凌,问题就更严重。网络欺凌的发生不分时间地点,而且可以是匿名的。网上发布的图片会保存一段时间,这期间足够被人传播成百上千次了。由于图片可能被数不清的人看过,而且可能永远也删不彻底,网络欺凌的受害者会遭受巨大的心理创伤。

网络欺凌是违法的。澳大利亚维多利亚州有部法律,被称为《布罗迪法案》,认定欺凌是一种犯罪。这部法律的产生是源于名叫布罗迪·潘洛克的年轻女孩因在工作时受到了严重的欺凌而自杀。网络欺凌是严重犯罪,即便是未成年人,制造和传播网络色情图片也是违法的。

所以,玛琪在报知一名成年人之后,下一步应该要求发送不良信息的人立刻删除或撤回已散布的消息。如果不行,就立刻报告儿童网络安全委员会。这样做的确需要付出巨大的努力,但玛琪应该为此感到骄傲,她正为许多遭受网络欺凌的儿童做出表率,她在向大家昭示,制作未成年色情图片是违法的,那会给受害者的心理造成严重摧残,所有牵涉其中的人都将受到法律的制裁。

注意网络安全

要从源头做好自我保护。绝不要把你的个人信息(比如，密码、姓名、住址、电话号码等)分享给他人，特别是你不熟悉的人。

屏蔽并举报骚扰者。

了解你使用的社交媒体的举报规则，当遇到网络欺凌和骚扰时，能够及时举报。学会设置社交账号的隐私偏好。

被骚扰信息激怒或伤害时，无论发信息的是陌生人还是熟人，都不要回复。任何回应都会导致对方更加激烈的骚扰。

保留恶意骚扰的电话、短信、私信、邮件记录，并报告相关机构。

记忆要点

- 网络欺凌和网络色情都是严重的法律问题,你要学会从源头保护好自己。
- 遇到有些情况时,你必须学会求助,请告诉一名值得信任的成年人。

案例 21

莉兹——她总是被人捉弄和取笑

类型：隐蔽欺凌

"这并不可笑！"加比皱着眉头穿过人群，边走边说。

我已经不记得大家第一次捉弄我是什么时候了，反正这么多年大家一直都习惯于拿我开涮。刚开始时，我不是很在意，我假装觉得很有意思，会和大家一块笑。

上上周，我找不到我的运动服了。有人从我的书包里把它掏走，藏在了男更衣室。上周三的时候，有人拿走了我的午饭，我也不知道他们后来把我的午饭弄哪儿去了。我翻书包的时候有好几个人站在我旁边看着。我一度以为是我自己忘带了，结果他们笑起来了。我只好跟着他们一块笑。我把这当作朋友之间的玩笑，大家本来就是打打闹闹的嘛，再说这种事也不是天天发生。反正我带钱了，再去买些吃的就是了。

上周五，我被结结实实地吓了一大跳。有人在我的锁柜

里放了一只死鸟。太恶心了！我当场尖叫，引得好多人围过来看热闹。

"嘿，莉兹，你应该好好照顾你的宠物。"有个男孩边笑边说。还有几个也凑过来说笑。我只好笑笑，也不知道该说什么。好在加比过来帮忙，她用纸巾垫着把那只死鸟拿走了。

"这并不可笑！"加比皱着眉头穿过人群，边走边说。大家给她让出一条路。我呆呆地立在那里。这是第一次，我感到有些生气了。为什么我的朋友们总是在这些小事上捉弄我，笑话我？朋友都是这么做的吗？

周末，我没有约任何人出来玩。说实话，我突然感觉跟朋友们在一起是一件挺恐怖的事。他们还准备对我做什么？我是不是该找人说说这件事？但是，跟谁说？我不想麻烦父母，因为我好几个朋友的父母跟我父母也是朋友。

❄ ❄ ❄ ❄ ❄ ❄

莉兹的例子充分展示了恶作剧发展为欺凌的全过程。一般来说，人们认为恶作剧是一些无伤大雅的小玩笑，可以活跃气氛，不会真的对谁造成伤害。但事实并非如此。虽然人们并未怀有恶意,可恶作剧的结果往往不太积极,莉兹的经历就是最好的证明。并且,一旦恶作剧是有针对性的,能让人感到尴尬、受伤或羞耻,那就不是无伤大雅的恶作剧了,而是升级为欺凌。

看起来,莉兹已经被集体孤立相当长的时间了,她已经开始感到难受和害怕,这都说明,这些绝不仅仅是开玩笑。很明显,这就是欺凌。

所以,第一步要做的就是识别。现在,莉兹已经明确知道,她已经遭受欺凌相当长的时间了,她可以更清晰地了解自己为什么会有这样那样的情绪反应。融不进集体里,这可能让莉兹觉得自己和别人不一样。她还可能感觉和大家待在一起的时候不舒服,因为她不知道下一秒会发生什么,欺凌可能随时随地以任何形式出现在她面前。

她周末不想和其他人一块出去玩,这再正常不过了。谁知道和大家在一起会怎么样。不过另一方面,她的那些朋友们可能也不知道所谓的恶作剧到底给莉兹造成了怎样的情绪和心理影响。大家可能觉得莉兹是集体中的开心果,是一个很随和很搞笑的人。但莉兹现在很清楚,恶作剧和公开欺凌所造成的后果是类似的,都是相当严重的。

莉兹现在能采取的最有效的方法就是直接告诉朋友们，不要再这样做了。这非常容易做到，她可以这样说："好吧好吧，你们半年前这样做也许还算是有趣，但我现在受够了，我不想这样了。谢谢。"也可以说："你真的觉得这有趣吗？"这样可以让他们反思自己是不是做过火了。你要知道，毕竟他们已经这样做好久了，可能根本意识不到什么。

另外，莉兹也可以进一步教育大家，他们的所作所为已经构成了欺凌。她可以说："喂，同学们，你们一直以来的所作所为让我非常难受。现在我明白了，这是一种欺凌。"或者可以说："啊，怪不得我心情不好，原来这些不是恶作剧，而是肆无忌惮的欺凌。"

莉兹应该重新审视一下她的朋友圈。朋友应该互相支持鼓励，让你变得更自信。可现在不是这样。也许大家并没有意识到这是欺凌，但莉兹确实可以好好想想，这些是不是值得她深交的朋友。更换朋友圈是一件有难度的事，但这也许会对莉兹有好处。

另外，要特别表扬一下这个案例中加比的行为。她不再是一个旁观者，而是直接干预了欺凌。她拿走了死鸟，还说："这并不可笑！"她态度坚定，她的行动打破了旁观者麻木不仁的怪圈。要知道，大多数沉默的旁观者其实根本意识不到自己的行为构成了欺凌的共犯。你站在那儿什么也不做，实际上就是纵容了欺凌的发生。

> **记忆要点**
>
> - 识别欺凌的发生。恶作剧并不可笑，那是一种欺凌。
> - 相信你的内心感觉。别人都觉得是无伤大雅的玩笑不代表你也应该觉得那是玩笑。
> - 让别人知道你的真实感受，告诉他们不要再继续这样的行为了。
> - 评估你的朋友圈。这些人真的是你的朋友吗？

案例 22

帕特蕾——大家嘲笑她的文化习俗

类型：隐蔽欺凌

这太令人难堪了。

下周六，全家人要一起出行，庆祝"斯拉瓦节"，帕特蕾对此满怀期待。"斯拉瓦节"是塞尔维亚人的传统节日，每年的这一天，他们全家都要聚在一起，拿出塞尔维亚的传统饮食，纪念家庭的守护神。今天，帕特蕾和妈妈一块上街，为盛大的宴会购买食材。她想到塞尔维亚熟食店买一些腌菜叶和猪肋骨，做一道传统菜肴"萨马"。一想到熟食店，帕特蕾仿佛已经闻到了咸鱼和熏肉的香味……

帕特蕾想起，熟食店在市中心，旁边就是学校，在那儿经常能碰见同学。要是被他们看见自己和妈妈一块逛街，肯定会被品头论足。每次碰见他们都是这样。他们肯定还会笑话她又要去"脏乎乎"的熟食店了。要是他们知道帕特蕾正要去买腌菜叶，还不一定会有什么反应呢。帕特蕾想到这些，只能自我安慰一下。不过，即便提前做好了心理建设，真要遇到同学，帕特蕾还是会不舒服。

和妈妈一块走在街上，帕特蕾感到有点不好意思，因为妈妈无论冬夏，老是穿着一件巨大的外套，就跟在塞尔维亚的时候一样。如果妈妈在街上遇到其他塞尔维亚的朋友，就会和他们用塞尔维亚语高声谈笑。这太令人难堪了。上次她和妈妈来城区的时候，学校的其他同学就在一旁学她妈妈说话，大家一边笑一边比画。他们还在那里模仿塞尔维亚口音。

帕特蕾和学校里几个年龄大些的同学聊过这些事。回到家以后，趁着还记得，她把聊到的要点记了下来，内容如下。

❈ ❈ ❈ ❈ ❈ ❈

今天，我和罗马、本还有苏茜聊了聊，我开始思考，我的家庭和民族历史对我究竟有多重要，我对和大家庭共度斯拉瓦节满怀期待。确实，学校里的其他同学不了解我们民族的文化和历史。但我觉得，我了解得越多，就越为我的家庭感到骄傲，我不该为我的家人感到难为情。我们是相亲相爱的一家人，我们喜欢一块享受本民族的食物，我们同声同

气,共同欢笑。我的叔叔们曾参与战争,想到这些,我忽然有了些新的启发。

我觉得我应该对同学的看法一笑了之。叔叔们连战争都不畏惧,我和妈妈逛个街又有什么关系呢。而且,陪她逛街、帮她做饭本来也是我喜欢做的事啊。

我已经想好了。如果下次再遇上同学,我只要跟他们笑笑,然后继续走自己的路就好了。我要挺胸抬头,要是能摆出一副觉得他们可笑的表情就更好了。我知道我肯定会有点紧张,但我会努力不表现出来。我开始好奇,为什么人们在看到不同于自己的文化习俗时会感到滑稽。我是说,为什么会有种族主义。也许他们太在意别人的看法,也许他们只敢和自己一样的人一块玩。如果是这样,那他们肯定会觉得和他们不一样的人都是恐怖的,只有他们自己是好的。

我知道,小孩们特别喜欢欺负那些和他们文化背景不一样的人,有这样遭遇的不止我一个人。这是因为那些人缺乏文化知识,不知道如何尊重文化多样性。还有一件事也让我有些惊异。我发现,其他女同学都不和自己的父母在一起。我好像从来没见过她们和父母一块逛街。现在想来,在学校的时候，他们几乎对自己的家庭只字不提。是的，他们只会和同龄人成群结队地在街上瞎逛，有时候还会被警察轰走。他们自己的生活其实也不怎么样。和妈妈一起逛街的机会本来就是有限的，趁现在还可以，我要多多享受和妈妈相处的时光。

> **记忆要点**
> - 想一想，你在哪些方面值得为自己骄傲。
> - 为可能发生的欺凌想好应对策略。
> - 挺胸抬头，阔步向前。（微笑是最好的武器！）
> - 有时，欺凌不是针对你个人的。

案例 23

萨利——她在公交车上被人嘲笑
类型：公开欺凌

萨利很确定，那群高中生不会做出什么真正的暴力举动，但坐上这趟公交车变得越来越难受了。

今天，萨利不想去上学了。不是因为她不喜欢学校，也不是因为和新朋友相处得不好，是因为上学必须坐公交车。她只要一上那辆车，就感到浑身紧张。同乘的还有一群高中生，他们几乎能把整辆车都坐满。昨天，她上车之后顺着过道往里走，想找个座位，可是那群高中生把书包放在空位上，她没地方坐。她从头走到尾，又从尾走到头，也没找到一个空位。她有点尴尬。有时候，那群高中生会对她品头论足，讨论她的校服，说她肯定觉得自己特个性。上周，其中一个高中生问她，为什么不坐下一班车，为什么非赖在这趟车上，以为自己很受欢迎啊？

昨天，有人用纸团从背后打了她的头。萨利假装一直在听音乐,但实际上她都快哭了。很显然,那群高中生不喜欢她的学校。她觉得,那群人不是直接针对她的,至少她自己是这么想的,尽管这看起来就像是针对她的人身攻击。

萨利很确定,那群高中生不会做出什么真正的暴力举动,但坐上这趟公交车变得越来越难受了。现在,萨利只要想到要坐这趟车,就会难受得跟已经坐上车的感觉一样了。

每天晚上,萨利都会反复琢磨,他们接下来还会做什么。她脑海里浮现了一些画面,他们会在过道里伸腿绊倒她,她在众人面前哭了,如此种种。一想到这些,她就睡不着觉了,第二天就会没精打采,于是恶性循环。她还发现,她的饮食也受到了影响。

❈ ❈ ❈ ❈ ❈ ❈

萨利应该立刻告诉别人她的境遇。她可以跟姐姐或者妈妈说这件事。如果不愿跟家人说,那么球队教练呢?或者其他值得信任的老师和朋友?其他亲戚?总之,她要确信,她所要告诉的人一定是值得信任的,会全面考虑她的利益。

她可能会问,为什么她不能自己处理这件事。这是因为,欺凌往往让受害者产生无力感。在公交车上的时候,她

就是孤立无援的,身边没有一个信任或熟悉的人给她支持。

另外,这样的遭遇让萨利感到恐惧和威胁,这使她没有勇气站出来面对欺凌。而她因此产生的饮食及睡眠习惯改变和情绪低落经常哭泣,也都是遭遇了这样非正常的境遇之后的正常反应。

这件事绝不是萨利的错,而且看起来萨利在学校有很多好朋友。发生这样的事情完全是那些欺凌者的问题,在他们的观念里,欺负别人,针对别人,是非常正常的事情。

萨利将此事告诉别人之后,接下来她可以考虑采取如下措施:

★ 坐在司机身边。这看起来有点怂,却很有效。

★ 换辆车去学校。

★ 看看能不能找到一个同学和她一块上下学。

★ 骑车上学。既锻炼了身体,又能帮助她调整饮食和睡眠习惯,还能缓解焦虑。

★ 请求学校联系公交公司,告知他们情况,请求他们对这群高中生在车上的行为采取合理措施。公交车对这样的情况应该有相应的处理方案,萨利所在学校及肇事者所在学校也应有相应的管理规定。

★ 萨利的学校还可以直接联系那群高中生所在的学校，要求他们处理这个问题。

萨利不应遭受如此对待。所以，她一定要向成年人寻求帮助。无论如何，在事态恶化之前，她要主动采取措施。

> **记忆要点**
>
> - 把欺凌事件告诉值得信任的成年人或朋友，这对你大有帮助。
> - 欺凌会影响你的饮食和睡眠。
> - 如果欺凌持续，一定要采取一些干预措施。
> - 行动要趁早。

案例 24

马克斯——他就是大家开涮的对象

类型：公开欺凌 / 隐蔽欺凌

我平时不太跟他们说话，我们不是一路人。

我觉得事情不太对劲。并没有什么明显的信号，但我就是感觉不对。现在想来，我觉得事情已经持续了一段时间了，只是我一直没意识到。反正我现在就是觉得有事。也许只是我自己臆想的，也许是我疯了。

我想起上周在健身房发生的事。我转身捡起上衣的一瞬间，发现身后紧贴着站了一堆人。我都不知道他们是什么时候站在那里的。我一转身，他们就四散跑开了。我当时以为是打上课铃了，只不过我没听见。

那一堆人都是我们班的。我平时不太跟他们说话，我们不是一路人。我最好的朋友是亚当，我们俩相处得非常愉快。他也对那群人没什么好感。接着，在班里又发生了一件闹心的事。那群人又紧贴着我后面坐着，他们老是这样。我能听见他们嗤嗤偷笑、窃窃私语。我通过窗户的反光瞧了他们一眼。他们一个个挤眉弄眼，好像在指我。也可能是我看错了，但当时我就是这么感觉的。

有时候，我都不知道这些事是真的发生了，还是我自己臆想出来的。也可能是我太过焦虑？我自己都有点害怕了，我搞不清楚自己的所见所感到底是不是真实的。

我现在怀疑，那群人是不是还往我背后贴纸条来着。纸条上也没写什么，就是画着笑脸。我把运动衫脱下来，发现背后粘着至少十几张纸条。我都没什么感觉，不知道他们是什么时候贴上去的。我不明白他们为什么要这样做。他们以为这样好玩？或者他们觉得我本人就是个笑话？我不知道我该怎么回应他们的所作所为。

我很困惑。也许我该去看医生治治自己的焦虑？也许这一切都是相关的？就好像我现在天天在胡思乱想，也许我真的是疯了？

❊ ❊ ❊ ❊ ❊ ❊

这一切和马克斯的焦虑无关，他只是遭遇了欺凌。这种类型的欺凌对情绪有重大影响。研究显示，这种所谓的隐蔽

欺凌会对人的心理、社交、情绪等多方面造成潜在的影响，甚至比大家都能见到的公开欺凌影响更大。

所以，对马克斯来说，最重要的就是先要意识到他正在遭受欺凌，并且要清晰地理解他现在的所有感受都是正常的。他的那些感受不能说明他情绪或心理有问题，和他的焦虑也没什么关系。不过，遭受欺凌确实能增加他的焦虑水平。

马克斯可以选择不理那些人，当然，那群人互相怂恿，可能不需要马克斯的回应就能继续自娱自乐。单纯忽视也许不能阻止他们的行为。所以，马克斯可以考虑告诉老师，问问老师是否能提供一些帮助。

学校有义务保护未成年人的安全，为学生营造支持性的校园环境。学校应采取有效的措施，防止未成年人遭受任何形式的欺凌。马克斯可以向老师或校长提出换班，远离那些捣乱的男生。在参加校园活动的时候，他也可以主动远离那群人。他还可以向学校建议，给全校师生开展相应的教育项目，让大家学习关于欺凌的知识，学会以积极的方式与人相处。

在这个案例中，其他同学很可能知道这群人对马克斯的恶作剧，他们就是旁观者。旁观者在欺凌干预中可以起到相当大的作用。旁观者往往并不知道自己的力量有多大,他们以为自己只要袖手旁观就可以了。但实际上,旁观者如果能够发声,将会对欺凌者产生巨大的震慑作用。学校还应提升学生们的自我保护意识,完善相应的咨询和支持系统,让那些如马克斯一样遭受欺凌的学生不再恐惧,不再困惑。

马克斯的主要目标应该是让学校知道欺凌的具体情况,并帮助他远离欺凌环境。他甚至可以考虑转学。总之,马克斯要牢记,他现在产生的种种不适感都是欺凌造成的结果,绝不是他的问题。

记忆要点

- 有些形式的欺凌并不明显。参见"什么是欺凌"那一章,了解欺凌的种类。
- 学校有责任保护学生免受欺凌。你可以要求学校出示或制定相关政策。
- 把情况告诉信任的老师或学校咨询师。
- 沉默的旁观者就是欺凌者的帮凶。
- 实在不行就转学。

案例 25

史蒂夫——大家欺负他，觉得他是个变性人

类型：公开欺凌

"看呀，那个人妖来了！"

　　3岁的时候，史蒂夫就问过妈妈，他什么时候才能长成一个小女孩。妈妈没当回事，以为这只是小史蒂夫成长中的一个小插曲，过去就好了。谁知史蒂夫一直这样问。8岁的时候，史蒂夫会观察班里的女孩子们，看她们怎么走路，怎么说话，看她们的头发梳成什么样子。回到家，史蒂夫就把自己关在卧室里，学习女孩们说话和走路。这让他感觉很开心。只有回到家里，他才感觉卸下了伪装，真正在做自己。趁父母不在家时，他甚至溜进父母的卧室，试穿母亲的裙子，穿完以后再把裙子原样放回。他当然不想让父母知道他的秘密。

　　史蒂夫10岁出头的时候，找到了一份骑车送报纸的工作。他开始用自己兼职挣的钱买化妆品。他特别喜欢唇膏

和指甲油,他总是把这些小玩意塞在书包的小口袋里,防止被父母发现。史蒂夫一直很小心,他对女装和化妆品的爱好从没有让任何人知道,不止瞒着父母,尤其要瞒着学校的同学们。史蒂夫在学校也不很显眼,没人注意他。他和一个女孩玩得很好,有时一块吃个饭,但也仅此而已。

史蒂夫经常觉得自己像个骗子,每天装成一个男孩的样子。他很讨厌参加那种"男孩"的活动,他被迫去球队踢球,被迫参加野营,他尤其受不了野营时跟其他男孩同吃同睡、一块洗澡。他是个女孩!他们不知道吗?

有一天,史蒂夫出门晚了,他急匆匆地出门赶公交。上车之后他才发现,他忘了把昨晚涂的指甲油卸掉了!

"哦不,决不能让大家看到!"他赶紧从书包里翻出卸甲油,想要在汽车行驶平稳的时候偷偷把指甲油卸掉。但是他太慌乱了,一不小心,手把书包里的小玩意全都带了出来。他的唇膏、腮红在汽车过道里骨碌碌撒了一地,赤裸裸地展示在众人面前。史蒂夫完全傻了,眼前发生的一切就好像是电影里的慢镜头,他唯一能做的就是本能地藏好还染着颜色的指甲。

"史蒂夫,这都是你的啊?"蒂姆问。史蒂夫不知道怎

回答。"你是个异装癖!"希兰大声叫起来。男生们来了劲,一个个捡起地上的化妆品扔来扔去,就是不给史蒂夫。史蒂夫简直想死。为什么会这样!

很快,公交车上发生的一切就传遍了校园。"看呀,那个人妖来了!""别来上厕所,我们不让变态进!""哇哦,指甲不错!""来亲我们一下,小甜心!"而这些仅仅是个开始。

❈ ❈ ❈ ❈ ❈ ❈

青少年对跨性别者的欺凌会严重打击一个人安身立命的基本自我价值感。有时候,这样的欺凌会让受害者强行认同自己原本的生理性别。你要知道,跨性别欺凌是真实存在的,是系统的,甚至是暴力的。所以,你最好不要单独去那些不太安全的场所,你最好尽量和朋友们待在一起。

面对这样的欺凌,无论是面对面的还是网络上的,最好的办法永远是不回应。你的委屈和愤怒正是他们希望看到的,你的辩驳只会让欺凌者变本加厉,强化他们的行为。保持冷静,远离欺凌者,在社交媒体上屏蔽欺凌者。表现出自信,让人觉得你根本不在意别人怎么想。你也可以幽默一下,比如要是有人叫你人妖,你可以回答:"人妖俩字你会写吗？"你可以勇敢地告诉他们，他们必须停止现在的所作所为。你还可以向值得信赖的人寻求支持。青少年期正是自我同一性形成的时期，对于每个人来说都充满危机和困难。对于跨性别者来说，由于欺凌的存在，他们自我身份认同的道路更是布满了荆棘。所幸，网络上有许多资源，方便你了解相关的知识，你还可以加入一些支持小组，应该对你有所帮助。

不要为他人的行为责怪自己，这是他们缺乏教养的表现，他们不了解什么是跨性别，他们只能表现出自己的偏见和恐惧。也许你可以发起一场宣传运动，抵制欺凌，为跨性别者发声，教育人们消除偏见，这也许是你对欺凌者最好的回应。

记忆要点

- 做真实的自己,你本来就是这个样子。
- 坚定有力地直视欺凌者的眼睛,让他们停止胡作非为。
- 首先要保证自己的安全,远离可能发生欺凌的场所。
- 向支持你的人寻求帮助。
- 去网上查查资料,寻找一些自助小组,这样你会找到与你有相似情况的人,大家可以彼此支持。
- 让自己变强大。你可以开展宣传活动,向恐同行为说不!
- 你本来就很美。

案例 26

布列塔尼——她遭遇了恐同欺凌

类型：公开欺凌 / 网络欺凌

我被贴了个同性恋的图签，上面还有一句话："我不害怕同性恋，我就是讨厌他们。"

我跟菲尔说，我在戏剧课上遇见了一个女孩，我对她有些不一样的感觉。结果，菲尔说我不过是年轻人学人家装酷、赶时髦罢了。

我一直就觉得我和别人不一样，我有别人没有的感觉。我现在还记得六年级的时候，我对物理老师产生的那种强烈的感觉。刚开始，那种感觉让我很奇怪，但后来我发现我对妈妈也有类似的感觉，我想那可能是成长过程中的正常现象，就没当回事。后来我也对一些朋友有过类似的感觉，但我都没有多想。直到上中学，我一下子迷上了班里的一个女同学。对她竟有如此强烈的感觉，这让我很惊讶。我觉得，那时候大概是个人就看得出来我有多喜欢她吧。我总是远

远地看着她，幻想着有一天她走到我面前说她也喜欢我……但并没有发生这些。其实我是不希望这个场景真的发生的，因为我不愿意自己有这种感觉。唉，要是让爸妈还有菲尔知道我有这种想法，天哪，想想就可怕。那时候，我总是跟朋友谈论班上的帅哥，以此掩盖自己的真实感受。有一阵，我甚至还主动和哈米什·琼斯约会过，后来我们居然恋爱了，还在一起甜甜蜜蜜地过了好长一段时间……天哪，现在想来简直搞笑！

我开始在网上搜索关于同性恋的信息，我惊讶地发现，我极有可能是个同性恋。但是……呃……不应该啊……我怎么会是同性恋。我去和不同的男孩约会，想向别人证明我是"正常"的。但其实我对那些男孩一点那方面的兴趣也没有，我们之间不来电。尤其是当我第一次对女孩产生爱慕之情后，两者对比，我更加明确了自己的感觉。十年级刚开始，我加入了当地的一个戏剧组织，在那里，我迷上了一个女孩。她是戏里的女主角。我和她有很多对手戏，我们来回来去地搭词，每个场景我都跟着她……有一天下午排练结束，我们把布景收起来，她跳上台来对我表示感谢，她摸了我的手臂，还冲我微笑……哇哦！干完活之后，我们在演员休息室坐着聊天,聊戏,聊开幕的那一天……我们聊得非常投机。后来我们又聊了生活、各自的背景和朋友,甚至还讨论了我们俩有没有可能来电。我不知道她怎么想,反正我肯定来电!

同性恋这个想法让我挣扎了很久。这对我的未来意味着什么?而且,想要找到一个心灵契合的伴侣该有多难,她得明白我的经历,理解我的痛苦,并且我也得欣赏她,爱她,愿意和她在一起。

几天以后,我去菲尔家看电影,电影名叫《布卢明顿》(Bloomington),讲的是一个女学生和她的女教授相恋的故事。菲尔谈到了两个女性之间的吸引究竟能到什么程度,我们还讨论了一下故事情节。这是个机会!是我的机会!借着这个机会,我可以告诉菲尔我的经历和思考,我想告诉她,我是同性恋。

"菲尔,有些事我想告诉你。我本来想早点告诉你的,可总找不到合适的机会。我也不确定这到底是不是真的,但我觉得应该是。我爱上了表演班里的一个女孩。"

我早有预料,菲尔刚开始肯定是不理解的。毕竟,这对我来说也是一个全新的经历,只不过我已经为这个感受挣扎

了很多年了。但我确定，她是总会理解我的，她会支持我。菲尔听我说了一会儿就叫我离开，她说我只不过是学人家赶时髦装酷，她觉得我不该这样，我应该成熟一点！

说实话，我有点吃惊，她的反应让我有点退缩，不过我觉得，径直离开可能是当下最好的做法。也许她需要一点时间消化。不过，结果证明，我完全错误地领会了她的意思。

第二天，我登录了脸书网和照片墙（Instagram），发现我被贴了个同性恋的图签，上面还有一句话："我不害怕同性恋，我就是讨厌他们。"不只是菲尔给我贴了，整个学校的同学们都在给我贴。图就那么挂在那里！ 1小时之后，我收到了一封邮件："女孩跟女孩搞，这儿不欢迎你。"下面还有菲尔的话，她让我以后不要靠近她，而且要离她所有的女同学远点。

❈ ❈ ❈ ❈ ❈ ❈

坚强点！别回复他们，回复只会让他们增加对你的厌恶，会给他们更多攻击你的机会。如果你一定要回复点什么，就告诉他们你不在乎他们说什么，比如这样，"谢谢大家。你们也许不喜欢我，但我就是这样，而且世界上有很多人和我一样。"也可以是幽默一些的回答，"你们真以为我有时间读你们这么多评论啊？至少我还有自己的生活呢，你们有没有就不知道了。"做出你不在意他们的姿态，回答要坚定（学习如何坚定地回答，参见"果决性"那一章）。在社交媒体上屏蔽骚扰者，报告网管。这种侮辱和骚扰是侵犯人权的行为，决不能容忍。

你还可以找信任和理解你的人谈论这件事，告诉他们你是如何应对的。网上有许多支持性论坛，有相似经历的人会在上面分享经历，可能会对你解决问题有所启示。你还可以搜索当地的支持性组织，也许能为你提供线下的帮助。另外，学校有义务为学生提供安全的环境，发生这样的事，或许你可以报告老师？

记忆要点

- 要坚强。
- 不要回应骚扰者。如果要回应，可以幽默地回应，或向对方传递"不在意"的态度。
- 屏蔽骚扰者和恶意信息。
- 和你信任的人谈论目前的情况。
- 你可以在网上搜索更多信息，寻求支持。

睡　　眠

你一定知道，人需要足够的睡眠来保持健康，青少年尤其需要大量的睡眠。青少年时期，生理、情绪和激素水平等都在发生改变，这是一个人成长的重要时期。如果睡眠质量不佳，睡眠习惯不规律、不稳定，那么一个人的健康就会受到严重影响，甚至影响许多基本功能。比如，没办法集中精力坐在教室里，没法维持正常的人际关系，没法和其他同学一样，甚至完不成简单的任务。

关于如何拥有良好的睡眠，下面给出了一些建议。仔细考虑这些建议，尝试一下是否有效，看看这些建议能不能帮助你去除那些影响睡眠质量的因素，让你变得更健康。

★ 每天晚上在固定的时间上床，让身体习惯于每天都在那个时间准备入睡。

★ 睡觉前3小时以内不要做体育运动。

★ 下午4点以后不喝含咖啡因的饮料。

★ 睡觉之前不看暴力、恐怖、动作类型的电影、电视节目。你还可以下载一些帮助你做睡前放松的手机应用。

★ 黑暗、略冷的房间最有助于睡眠。

★ 早上的明媚光线是唤醒身体的信号，你的身体会明白，要准备动起来了。

★ 训练你的身体和大脑，让它们把床和睡眠联系起来。所以，不要在床上看电视或者玩游戏。

★ 你有没有注意到，晚上的时候你焦虑的问题会特别多，焦虑水平越来越高，有的时候甚至焦虑到几乎受不了。可是没有一个明确的时间点让我们真正能考虑清楚并解决问题。所以，焦虑越来越重，我们越来越清醒，完全睡不着！

★ 别把问题带上床。试着在钻进被窝前就把要处理的问题解决掉，或者把问题整理出来，大概安排个计划，明天早上起来以后再按照计划解决问题。

★ 学习一些放松技巧，帮助你躺在床上以后能够安心睡觉，不胡思乱想。

★ 如果你控制不了躺在床上以后的胡思乱想，那么至少让自己想一些开心的、轻松、美好的事情。

★ 让家人一起配合，建立一些让人放松的睡前仪式。比如，还记得小时候爸爸妈妈给你念的睡前小故事吗？

★ 光线是唤醒大脑的信号。所以，睡眠时要避开明亮的灯光（包括电脑屏幕光），这样你的身体才能放松下来。你可以试着睡前1小时内不玩电脑、不看电视、不玩手机，你会发现这是个好习惯。尽量让自己的卧室里没有任何电子设备。切断与外界的联系，和自己待在一起，给身体一个恢复的机会，这样才能以更好的姿态迎接新的一天。

焦 虑

焦虑是一种情绪,以感到紧张和恐惧为特征。每个人都会焦虑,当我们面临危险或过度担心某事时,焦虑就产生了。简单来说,焦虑就是面对非正常情境时的正常反应。有时,焦虑是好的,适当的焦虑可以激发能量,让我们努力做事。可有时,过强的焦虑反而让我们什么都做不了,至少是发挥失常。

焦虑对我们的影响有以下三方面:思维、行动和生理反应。焦虑的时候,身体唤醒,时刻准备着行动。这时,我们会心跳加快,呼吸急促,出汗,可能会发抖,有时还会想上厕所。总之,我们能明显感到生理压力。焦虑的时候,大脑可能会不转,很难冷静思考,这无疑会让问题变得更糟糕。

一旦感觉到自己的身体变化,我们就会感到恐慌,会产

生许多负面思维，脑海里会冒出许多无助的、不真实的想法，比如："要是我得从那个欺负我的家伙身边走过，我肯定会晕过去。""我要是去上学，肯定会在大家面前出丑。"

这样一来，我们的行为就会改变，比如避免去某些场所，或者想要快速离开某个场所。有些人会想出各种各样的回避策略，比如，跟父母说自己病了（其实就是焦虑），上学的时候就躲在厕所里避免见人，等等。

如果你一直回避恐惧的事情，脑海中一直萦绕着那些负面思维，那么焦虑是不会减轻的。所以这本书的副标题包含了一个醒目的词：掌控。

那么，你可以做些什么呢？

对于身体上的焦虑反应，最简单的方法就是学会放松。其中一个最常用的方法就是渐进式肌肉放松，这种方法要求你聚焦身体的每一块肌肉，依次放松。"冥想和放松"那一章有详细的肌肉放松练习，可以参考。记住，身体不可能同时既紧张又放松。还有一个好用的方法叫作呼吸控制。紧张的时候，我们的呼吸会变浅、变急促，这会加强紧张的感觉。你可以参见"冥想和放松"那一章，学习控制呼吸的方法。

现在来谈谈思维。你要知道，这些仅仅是你的思维，是你在脑海里自己想出来的。你要学会识别哪些是你自己的想法，哪些是真实的。常常是负面的思维导致了糟糕的事情，而不是事情本身导致的，对此你需要做检验。下次你再焦虑的时候，把你对当前情境的解释写下来。你在脑海里对自己说了什么，事情果真如你想的那样吗？你还可以问问自己："面对这样的情况，我能做些什么来改善吗？"或者，想象自己坚定自信、事情尽在掌控的样子，事情可能就会变得好很多。（参见"果决性"那一章）

目前有两种主流的方法可以帮我们调整思维。一种是质询负面思维，并用积极现实的思维替换之。另一种是接受目前的思维是非理性的、不真实的，然后采用一些方法来忽略之。

关于这两种方法的具体操作，网上有很多资料。不过，如果你能找到相关领域的专业人士来指导你，将事半功倍。

最后再说一句，你要做的就是立刻动起来！别再回避，做个深呼吸，抬起头，勇敢地向前走。也许你心里还没有那么自信，但至少在外表上，你要让自己像个巨人。

直面你的恐惧吧！

营　养

人们花在研究营养上的钱很多,每年有上百本关于营养的书籍问世。你可能觉得,现今的人类早就把营养饮食问题研究得透透的了。然而,事实并非如此。营养,加上充足的睡眠和锻炼,这三者都是你能主动掌控的部分,拥有良好的饮食、睡眠、锻炼习惯,你就能拥有健康快乐的生活。关于这三者,有个共同的关键词,即"适度"。迈克尔·波伦(Michael Pollen)写过一本著名的书,名叫《杂食者的两难》(*The Omnivore's Dilemma*,2006),里面用九个字传递了这样的思想:"吃食物,别太多,多吃菜。"这里的食物是指真正的食物,是食品工业发展之前的那种最原初的食物。

你一定从小就听大人讲过很多关于健康饮食的忠告,你肯定也在铺天盖地的广告上看见过半成品或快餐的宣传。

现在，我们要给你讲一些和你以前听过的不一样的东西。先声明，我们绝对不是要建议你每天早餐必须吃一颗鸡蛋，喝一杯胡萝卜汁，并且要你坚决杜绝快餐。我们要讲的是平衡饮食和按时饮食。平衡饮食是指，不要过多地吃某一种或某一类食物，尤其是那些营养价值非常低的食物。按时饮食关注的是你什么时候吃。早餐，英文是 breakfast，从字面上看就是在早起后结束（break）长达8小时的禁食（fast），所以早餐非常重要。早餐为身体和大脑提供所需的能量，让你为即将到来的忙碌的一天做好准备。

青少年非常容易受外界影响，他们整天暴露在媒体的狂轰滥炸之中，同伴们也经常互相影响，大家会从外界途径获得各种各样健康或不健康的饮食信息。而青少年又正处于长身体的时期，特别需要真正的营养。

高脂肪（特别是饱和脂肪）、高盐、高糖、低纤维、低无机盐（钙、铁等）的食品会对青少年产生多种不良影响。下面列出了一些潜在风险：

★ 超重

★ 心脏问题

★ 便秘

★ 高血压

★ 易疲劳

★ 注意力障碍

那么,想不想知道你的饮食习惯是否健康?下面这份问卷可以给你提供评估和参考。这是一份五点评分的问卷,想要得到更客观的结果,你可以先自己打一遍分,然后让熟悉你生活习惯的人再给你打一遍分。两次的平均分基本能比较真实地反映你的实际情况。

1= 从不; 2= 偶尔; 3= 一般; 4= 常常; 5= 总是

每天至少吃 5 种蔬菜和 2 种水果,它们最好是不同颜色的,你要是吃了 5 根胡萝卜,这个不算!

吃早餐。

每天至少喝 4 杯水。

每周最多喝 2 次碳酸饮料。

每周最多吃 1 次快餐。

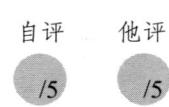

随时备有水果和健康的零食,但只有在饿的时候才吃。

每周至少会做几次饭,至少是参与做饭的过程。

很清楚自己给自己盛了多少饭，所盛的饭量合理。

自评 他评

吃饭细嚼慢咽，愿意和其他人一起吃，喜欢享受美味的食物。

自评 他评

总分

自评 他评

平均分

自评

\> 36 分：你做得很棒，继续保持！

30 ~ 35 分：看来你的饮食习惯不错，但还有提升的空间。

22 ~ 29 分：看上去你有些方面需要改进，你最好开始为塑造健康的饮食习惯制订计划。你可以先从小目标开始，不要一下子走极端，不是说要你从明天开始就只和菜叶子为伴。

< 22 分：好吧，如果你或你的朋友不是随便瞎打分的话，那你一定要开始行动了。就是现在，告诉自己，你必须有意识地做出改变。你不需要一步走得特别大，目标不用太高，有改变就比没改变强。请你写下你的目标，告诉亲朋好友，请他们做个见证，让他们帮助你一起改变不良的饮食习惯。

锻　　炼

体育锻炼对于任何人来说都是非常重要的。大家都知道，体育锻炼能让人获得健康的体魄，比如，降低心血管疾病风险、增加骨量、降低体重，等等。除此之外，体育锻炼还能促进心理健康，一些特定类型的运动还有助于社交。

在这里，我们更多关注的是体育锻炼对心理健康和幸福生活的益处。体育锻炼的第一个好处就是能够让人产生自我满足感。如果你觉得没精打采、情绪波动、疲惫不堪、烦躁易怒，那就可以或穿上慢跑鞋，或带上自行车头盔，或换上泳衣，或直接裹一件外套出门去走一圈，使劲走，用力走，越用力越好。也许你会觉得有点矛盾，但试过之后你就会发现，用力地锻炼可以让你更加精力充沛，锻炼能扫清大脑中的尘霾，让你更加清醒。体育锻炼不需要什么高昂的花

费，简单易行，只要你随时开始就可以。最困难的无非是抬起屁股离开椅子，走出门去。只需要20分钟，你就能感受到体育锻炼带给你身体和心理上的改变。

基本可以这样说，你锻炼得越少，情绪波动就越大，感受到的压力和焦虑水平就越高。下面列出了一些常见的体育锻炼带来的好处。

- ★ 抑郁情绪减少
- ★ 焦虑和压力水平降低
- ★ 更易集中注意力
- ★ 睡眠质量更佳
- ★ 遇到困难能够迎难而上，不易退缩

好了，你可能已经开始认同体育锻炼的好处了。但你可能会问，我到底应该做多少锻炼？其实，只要锻炼了就比不锻炼强，当然，强度不必过大，适量就好。你觉得，每周锻炼四五次，每次坚持30分钟左右，怎么样？你也可以根据自己的情况，把30分钟的锻炼分成两次，上午15分钟，下午15分钟。总体来说，少量多次的运动比一口气猛搞70分钟更好一些。刚开始的时候，运动量要小一点，之后可以慢慢增加。

下面给出一些可行的建议，你可以择善从之。

★ 越野跑：5公里越野跑现在已经风靡全世界，许多城市都定期举办类似的赛事活动。这种赛事是免费的，全部依靠志愿者组织。坚持一口气跑5公里是个不错的锻炼目标。如果你觉得自己可以，那不妨参加一次这样的活动。如果你家附近没有越野跑赛事，你也可以联系主办方，看能不能把赛事办到你家门口！这也算是你为家乡人民做贡献呢！

★ 从沙发到5公里：好吧，也许直接跑5公里对你来说有点难度。也许你是那种从街头走到街尾都会气喘吁吁的人。那么，就试试这款名叫"从沙发到5公里（C25K）"的手机应用吧。这款应用旨在帮助人们从沙发上站起来，跑到街上去。这款应用设计得很巧妙，它有一套时长9周的系统训练计划。只要按部就班地跟着这套计划，你就

能一口气30分钟跑5公里!

★ **健身房锻炼**：在户外锻炼，又吵又人多，很容易受到打扰。去健身房锻炼就没有这种烦恼。你可以去学校或者社会上的健身房报名参加一些适合你的课程，安排一周、一个月甚至一年的锻炼计划。这样，就算为了不浪费花掉的报名费，你也会强迫自己参加锻炼。如果你觉得自己的执行力比较弱，那么去健身房花点钱可能是个不错的主意。

★ **走路**：走路是最方便、最便宜、最容易的锻炼方式。这里说的走路不是指慢慢溜达，而是快步走。插上耳机（别把音量调太大，免得什么也听不见，走在路上被车撞），设一个30分钟的歌曲播放列表，看看你能走多远。别着急负重或者甩手臂，就是使劲快步走。让身体出点汗。让心跳加速，使血液循环到你身体的每一块肌肉。快步走是一种非常有益心脑血管的锻炼方式。当你快走结束回到家里坐在沙发上歇着的时候，身体并不会立刻歇下来，心跳仍然比平时跳得快。这时候，就算你坐在沙发上，也会比你平时一直赖在沙发上的时候消耗更多的能量。

★ **骑车**：这也是一项非常省钱的运动。只不过冬天骑车以及在车水马龙的路上长途骑车对许多人来说稍显困难。不过，现在的许多城市都开始建设专门的自行车道，你可以开发一条自己喜欢的路线，骑起来吧。

★ **参加俱乐部**：参加一个你喜欢的俱乐部，最大的好处就是可以社交。运动俱乐部对各种人开放，不限年龄，不限时间，其中的会员都是因为有共同的兴趣爱好而聚集起来的。如果你现在开始就去参加一个运动项目的俱乐部，你就有可能一直坚持下去，这将惠及一生。在俱乐部中，你还可以作为志愿者参与组织许多大型活动，你可以提升能力，锻炼责任感。下面列出了一些常见的运动俱乐部，也许在你家附近就能找到一家：

- 健美操
- 美式橄榄球
- 田径
- 山地自行车
- 赛艇
- 英式橄榄球

- 澳式足球
- 棒球
- 皮划艇
- 板球
- 自行车
- 跳舞——各种舞姿
- 赛龙舟
- 五人制室内足球
- 体操
- 曲棍球
- 室内板球
- 攀岩 / 攀墙
- 跑步——各种俱乐部、群组和赛事
- 帆船
- 足球
- 垒球
- 冲浪救生
- 游泳
- 乒乓球
- 网球
- 铁人三项
- 健走

果 决 性

果决性是一项可以学习的技能,和其他任何技能一样,果决性也需要花时间来练习。下面给出了一些练习建议:

★ 下决心要表现得具有果决性,而不是攻击性十足或退缩。

★ 花一些时间来练习果决性,可以自己练,也可以找一个朋友陪你练。

★ 尊重他人的需要和感受。要接受别人的观点可能和你不同。

★ 找一个有矛盾冲突的情境,学着站在对方的角度看问题,而不是把对方看成敌人。

★ 诚实地告诉对方你的感受,不要指责,不要试图

激发对方的内疚感。

★ 如果一次练习进展得不太顺利,想一想可以从中吸取什么经验教训,做出改进,下次继续练习。

果决性小贴士

使用身体语言

★ 直视对方的眼睛

★ 站直

★ 有意地放松肩膀

★ 正常呼吸,不要憋气

★ 保持面部放松

注意自己的语言

★ 以正常的语调说话(不要大吼,也不要嗫嚅)。

★ 使用坚定明确的表述,比如"我感觉""我发现""我认为";不要使用攻击性表述,比如"你总是""你从来不"。

★ 在对方说话时,不要打断,尽力聆听,理解他们所说的观点。

★ 如果你发现对方开始和你辩论，那么至少尽力不要卷入情绪。保持头脑清醒，尽量理智。告诉对方，你们可以之后再讨论这个话题，然后离开。

★ 如果你觉得有必要把话谈清楚，请保持冷静。努力让谈话集中在最初要讨论的问题上，不要东拉西扯，尽量理解对方到底在说什么。

★ 要理解，对方之所以有这样的行为，可能是因为背后有其他的心理因素或生活问题。

★ 不要把对方一时激愤甩出的狠话放在心上。

冥想和放松

冥想和放松不一定适合所有人，但绝对是个值得一试的方法。如果没什么别的事，你完全可以每天拿出一点点时间，做个冥想，帮助自己从纷乱的生活当中抽离出来。这个过程就好比一级方程式锦标赛时赛车进维修站加油换胎。你会暂时离开一下赛道，暂停比赛，但很快，你就可以充满能量地重回比赛，以崭新的面貌继续奔跑。

每天进行20～30分钟的冥想有很多好处：

★ 降低整体焦虑

★ 防止压力积累

★ 补充能量，提升学习效率

★ 增强记忆力，注意力更集中

★ 缓解失眠和疲惫
★ 预防或缓解神经症性症状,比如过度紧张、偏头痛、头痛、哮喘、溃疡等
★ 提升自信,降低自卑
★ 提升自我觉察能力

放松技巧有很多,比如自我催眠、渐进式肌肉放松、各种瑜伽,等等。

在这里,我们把多种放松技巧结合,给你介绍一种简易的放松方法,过程如下:

★ 找一个安静的地方,以自己最舒服的姿势坐好。把衣服过紧的地方松一松,保证身体上没有任何拘束、任何不适。
★ 闭上眼睛。从上到下,依次动一动你的各个肌肉群,脸、脖子、肩膀、手臂、手、胸、背、臀、大腿、小腿,最后是脚。
★ 对于每一组肌肉群,首先紧绷,然后放松。仔细体会紧张和放松这两种感觉之间的不同,注意你

身体出现的任何细微感觉。

★ 对于出现的任何感觉，只需要关注，不要做出任何反应。

★ 放松每一组肌肉的时候，把注意力集中在自己的呼吸上。缓慢、规律地呼吸，直到全身的肌肉都放松下来。

★ 最后，想象一个令你觉得安全、放松、舒适的地方，想象你正置身其中。有的人可能会想到一把安静的长椅，有的人想到的则是湖光山色。每个人都有属于自己的秘密花园。发掘一个属于自己的心灵港湾，每当你想要放松的时候，就可以随时来到这里。

★ 当你想象出来这样一个地方后，尽可能地让想象变得清晰，想象每一个细节，就好像你真的置身其中。让大脑尽情想象，不要干涉，不要阻碍，让思维自由流淌。

★ 在你的秘密花园里待上 5~10 分钟，然后慢慢地、安静地离开，让思维回到你此时此刻正真实所处的地方。

★ 慢慢睁开眼睛，让身体恢复。整个过程大概需要15~20分钟。这样做完一遍之后，你会感觉重焕生机。

腹式呼吸

和冥想一样，高质量的呼吸也对生理、心理健康有积极影响。高质量的腹式呼吸可以缓解压力，为肌肉和大脑提供更多氧气，有镇定效果。可以这样说，良好的腹式呼吸可以起到立竿见影的减压效果。当你处于惊恐和压力状态时，你会发现，自己的呼吸变浅、变急促。腹式呼吸就是对抗这种又浅又急的呼吸的。腹式呼吸动用的是隔膜，就是肺下面的那一块肌肉。高质量的呼吸需要肺部充分舒展，推动隔膜扩张，腹部向外隆起。

下面讲一讲具体做法：

★ 一只手放在腹部，一只手放在胸部。
★ 当你做正确的腹式呼吸的时候，放在腹部的手会随着呼吸向内、向外移动。
★ 放在胸部的手应该一直是静止的。如果你觉得做不到腹部动而胸部静止,可以试试躺在地上呼吸。

★ 试着在吐气的时候轻轻叹气,这样可以增强减压效果。

★ 吸气时会刺激交感神经系统,呼气时会刺激副交感神经系统。所以,试着让呼气的时间比吸气的时间稍长。

★ 关注呼吸的节奏,不必太过关注呼吸的深度。

自我对话

通常来说，如何应对一个情境，往往和我们自己的解释有关。我们心里会和自己有一番对话，向自己描述现在正发生什么，在这个情境中的我们是什么样子的。

自我对话是我们同自己的心灵交流。我们和自己说了什么几乎会直接影响我们的情绪。有时，我们觉得很糟，但实际情况并没那么糟。如果我们对自己说"你不够好""我们做不来"之类的话，我们当然就会觉得自己不行，我们会自我贬低，面对新事物时会感到焦虑。这样一来，我们就总能找到方法贬低自己，并且不再采取任何行动。不过，如果换个角度，我们对自己说"试一下又何妨""我会尽力的"，感觉就会好很多，我们就更有可能去尝试新的事物。

自我对话的力量非常强大，我们对自己说的话以及这些

话令我们产生的感觉，会给大脑传递一些化学物质，让我们觉得事实就是这个样子的。比如，如果你对自己说："我感到很无助。我不敢见人，我好焦虑。"大脑就会告诉身体的各个部位做出反应。呼吸加快，出汗，感觉不舒服，胃部发紧，肾上腺素飙升，思维受到影响。这样的负面思维会让身体感受到真实的压力。

所以，首先我们要学习识别你心里对自己说的话，学会听到自己内心的声音。然后，改变消极对话，试着进行积极的自我对话。

谨慎选择你的用词。尽量使用现在时态。比如，不要说"我会是个比较好的朋友。"改成："我就是一个很棒的朋友。"用现在时态描述你想要的状态。

关注解决方法，而不是关注问题。看一看，你能做什么。比如，假设你被欺凌了，不要总是纠结于到底发生了什么，而是想一想，你可以为此做什么。"我知道事情已经发生了，为了改变现状，我可以这样做。"

注意，如果你的自我对话里包含了太多的"应该""总是"这样的词，这对你来说是个提醒，你最好能够把他们替换掉。比如，不要说："我总是把事情搞得一团糟。"改成："这次我犯了个错误，我打算这样改正。"关注自己的自我对话，把它改变成一种积极的方式，这需要花时间练习。你们学校的咨询师也许可以帮助你一起完成这个练习。

你觉得自己是欺凌者吗

我们其实不太容易评估自己的行为是不是构成了欺凌。这里给出了一种评估方法,请用"是"或"否"回答下面这些问题,如果在任何一个问题上你回答了"是",那么你就需要反思一下,是不是应该改变你与他人相处的方式。

★ 你是不是对他人做过明显的恶作剧,让对方感到尴尬,或身体受伤?

★ 你有没有专门针对某人,就为了让他难受?无论是当面还是在网上,都算。

★ 你是否在常规性地戏弄某人?

★ 你所在的小团体是不是以戏弄他人为乐?

★ 你喜欢强迫别人做你想做的事吗?

★ 你是否曾控制或摆布过某人？

★ 你有没有散布过关于他人的谣言？

★ 你是否为了博得朋友一笑而戏弄过某人？

　　人们常常以为，欺凌只是一些无伤大雅的小玩笑，但其实并不是。欺凌可以摧毁人的自尊、自信，毁掉别人受教育的机会，甚至终结某人的生命。

　　其实，很多人是不喜欢欺凌的，他们只是在看见朋友进行欺凌的时候假装喜欢罢了。

欺凌者能做些什么

　　要明确一点，一旦欺凌者能够意识到他们的行为对别人造成了怎样的伤害，他们很可能会停止欺凌。欺凌者需要反思，为什么他们会对别人做出这样的行为。可能是因为他们的家庭成员之间就以欺凌的行为模式相处；也可能因为他们模仿了别人的行为，对欺凌已经见怪不怪了；也可能因为他们在欺凌他人的过程中获得了自我满足感？

　　不管是什么原因，欺凌者都需要反思和改变。欺凌者往往缺乏同理心。这就是为什么当欺凌者真正明白他们的行为给别人造成了多大的痛苦时,他们会停止欺凌。

如果欺凌者能够对他们欺凌的对象诚心诚意地道歉,那就再好不过了。道歉可以是当面的,也可以通过书信的形式。道歉是欺凌者做出改变的第一步,这对于被欺凌者来说也意义非凡,这可能会帮助被欺凌者疗愈受伤的心灵并继续前行。欺凌者可以找一名信任的朋友,在朋友的支持和帮助下改变自己的行为。

如果朋友或家人能参与进来,欺凌者就更容易受到鼓励,做出改变,并承担责任。

说话或行动之前先想一想,这么做合理吗?这么说合适吗?脱口而出的恶语往往非常伤人,逞一时嘴快,说出去容易,收回来就难了。养成习惯,凡事停下来想一想,然后再做,这是个好习惯。

欺凌者还可以尝试多参与各种活动,让自己的生活充实起来。比如,参加体育比赛,尤其是团体性质的项目。这些活动可以让欺凌者学会积极的社交方式,他们可以模仿,看看别人是如何与人和谐相处的。

在这里,我们并不是要求欺凌者和每一个人都友好相处。但欺凌者至少应该学会以尊重的方式对待他人。彼此

尊重是世界人民普遍遵守的社交准则，不论是和兄弟姐妹、父母、同学、朋友、老师还是和其他什么人相处，我们都应学会尊重。

总之，欺凌者必须为自己的行为负责，学会以尊重、关爱、理解的方式与别人建立关系。

校 园 欺 凌

大多数校园都存在各种形式的欺凌。

大部分学校都能够积极主动地应对欺凌问题。主要有如下做法:

- ★ 营造宽容尊重的环境。
- ★ 开展相关教育项目,帮助学生提升自尊心、责任感,学会尊重和同情。
- ★ 用问卷调查的方式摸排学生中的欺凌情况。
- ★ 采用开会、发传单等多种形式,确保家长能够配合学校共同应对欺凌问题。
- ★ 建立责任清晰目标明确的欺凌问题应对体系。
- ★ 确保教师的监管到位,确保校园无安全死角。

对学校来说，最重要的就是诚信和开放，为学生营造安全可靠的学习环境。澳大利亚的安全学校组织就是专门审查澳大利亚学校学习环境的部门。

该组织提出了营造安全校园环境的九个评估点。

本书已获得安全学校组织授权，现列出如下九个评价方面：

1. 校领导要负责任
2. 支持、互助的校园文化
3. 成熟的校规及办事流程
4. 专业的学习
5. 积极的行为管理
6. 相关的校园安全培训
7. 关注学生的生理及心理健康
8. 及时干预问题，针对特定学生给予支持
9. 家校社区联合

学校管理者可以用四点评分来对以上九个方面进行评估，看看自己的学校状况如何。四点评分的含义为：

1. 完全符合
2. 大致符合
3. 一般符合
4. 不符合

构建和谐校园的具体方案

第一步
完成学校评估。

第二步
找到学校在这九个方面中做得好的地方。

第三步
找到学校在这九个方面中还需要继续改进的地方。

第四步
登录 www.safeschoolshub.edu.au/safe-schools-toolkit/overview 看看如何改进。

第五步
记录学校现有的关于校园安全的相关政策和实施办法。这个工作可能需要学校各个部门配合完成。

> **第六步**
> 看看这些政策和办法是否需要改进?
>
> **第七步**
> 每隔12个月,对学校的这九个方面进行一次重评。

经过大量的案例及政策研究,我们总结出了一些共性特征,拥有这些特征的校园更不易发生欺凌:

- ★ 学校多角度、长期关注学生的各个方面,而不是只关注一个方面。
- ★ 社区有相应的组织,学生有相关的活动,提高人们对欺凌的认识水平。
- ★ 学校有应对欺凌的详细政策。
- ★ 有效的班级管理和班级规则。
- ★ 营造和促进积极的校园氛围,为学生提供安全、信任、支持的环境,帮助学生友好相处,提升学生身心健康。
- ★ 对学生有统一的、非惩罚性质的行为管理方式。

★ 教育学生（尤其是旁观者）不能容忍欺凌行为，要对欺凌中的受害者给予支持。

★ 在教学过程中，注意培养学生的社交能力（比如，采用小组作业形式）。

★ 加强学校的硬件设施监管力度。

★ 教师要强调欺凌问题，教室里可以张贴反欺凌方面的宣传（价值观教育）。

★ 有心理咨询师，有可为学生提供一对一支持的专业人士。

★ 学校有专门宣传欺凌问题的组织机构。

★ 家长的配合和教育。

还有其他一些有助于降低欺凌的方法：

★ 教室和操场没有死角，不会让学生脱离监管。

★ 价值观教育，学会尊重他人的权利和感受，接受文化的多元性，学会共情、公平、合作、包容。

★ 使用团体技术。

★ 使用恢复性技术。

- ★ 使用积极行为支持技术。
- ★ 制作"社会关系图谱",帮助学生在班级和年级中扩展积极的人际关系,促进与同学之间的人际交流。
- ★ 发现有欺凌倾向或被欺凌状况的同学要尽早处理,给予相应的干预和支持。

每一个人都身处学校的小社会,不论他是什么身份,他都需要一个适当的人际交流网络。师生之间、父母之间、父母与子女之间、老师之间,这些都是人际关系。学校有义务建设积极的校园文化,帮助每个人找到属于自己的位置,获得良好的人际关系。每一个人都是学校小社会的组成部分,每个人都要对校园文化负责,每个人都要遵守学校的相关规定,以友好的方式对待他人。

给家长的建议

要防止孩子遭受欺凌或欺凌他人,家长在其中可以起到非常重要的作用。家长的样板作用对孩子来说是巨大的,你会直接影响孩子的社交行为。如果家庭成员彼此之间面对冲突的解决方式就是暴力、嘲讽、压迫,那么在这样的环境中长大的孩子也将学会用类似的方法解决生活中的问题。父母抚养模式会直接影响孩子与其他小朋友们的相处。比如,有的家长喜欢不加解释地用严苛的规矩来约束孩子,一旦孩子违反规则,就严厉惩罚,不会给孩子其他选择的途径。当这样的孩子走出家门,就会变得很有攻击性,社交会出现问题,自我价值感也会比较低。

干预

你要教育孩子，解决问题的方法有很多种，任何问题都可以理性地解决，这一思路非常重要。你要向孩子解释，为什么有些规则很重要，为什么有些事情会这样发生。如果孩子在社交过程中表现得很好，请及时给予正面的鼓励。这会帮助他们建立社交自信。跟孩子聊聊不同的社交场景和问题，跟他们说说你遇到这样的问题会怎么解决。你可以跟他们讲讲你上学时遇到的困难，你当时是怎么做的。如果现在让你重新选择，你会怎么做。你还可以讲讲你在工作中的人际关系，你对同事们是什么感觉，遇到问题会怎么处理，等等。

你要让孩子明白，社交问题很常见，人人都会遇到，社交问题会让人产生情绪困扰，你有的时候也会被这类问题影响情绪，这很正常。这相当于给孩子打了预防针，帮助他们做好准备来应对各种可能的问题情境。选择更多，思维更灵活，孩子也就更能合理地处理社交问题。

还有，要帮助孩子发展同理心，让孩子接纳与自己不同的人和事。家长首先要为孩子做出好榜样，你自己首先要能够以尊重和感恩的态度和别人交往。告诉孩子，被欺凌的人会有什么样的感觉。如果欺凌正在发生，谈谈其中是否涉及接纳不同文化和尊重身体残障人士。市面上有一些关于欺凌知识的绘本书籍，你可以跟孩子一起阅读。你可以问问孩子所在的学校、当地图书馆或书店，他们肯定会推荐合适的书籍。

帮助孩子塑造自信的行为。教孩子如何给出果决的回答，比如你可以和孩子通过角色扮演来练习做这样的对话："请你称呼我的名字。""你不可以对我那样说话。""我要求你停止做这样的事。""我会忽略这条评论。"告诉孩子，如何远离欺凌。在一般情况下，有成年人在的地方不太容易发生欺凌，比如，乘车时坐在最前面，在敞亮的能被人看见的地方玩耍，等等。学会远离危险的地方就是远离欺凌的重要方法。

什么时候需要引起关注

被欺凌的孩子往往会出现一些情绪或行为反应，对于这些信号，家长务必警觉：

- ★ 退缩
- ★ 不愿上学
- ★ 成绩下滑
- ★ 不愿参加社交活动，朋友减少
- ★ 对以往喜欢做的事情失去兴趣
- ★ 衣服破了；身上有伤；可能会向家长要钱，给那些欺凌者

家长可以做什么

- ★ 如果孩子说自己被欺凌了，一定要相信他们，要坚定地和他们站在一边。
- ★ 和孩子讨论可能的应对方案，不要直接帮助孩子进行暴力报复。
- ★ 告诉老师，如果老师不管，就报告校长。
- ★ 配合学校，直到欺凌真正停止。
- ★ 求助学校心理咨询师，并且鼓励孩子去找心理咨询师。
- ★ 如果涉及网络欺凌，可以联系网络管理员。

抵制欺凌,家长的作用至关重要。家长可以为孩子提供关心、爱护、安全的环境,可以站在孩子身边,支持和引导他们走出欺凌困境。

继 续 前 行

生活没有一定之规

你可能已经发现,这本书不仅仅是要告诉你如何预防和阻止欺凌。我们没有给读者提供可以一步一步跟着做的方法,因为生活是复杂的,本来就没有可以完全照搬的解决问题的完美方法。生活就是一个问题接着一个问题,有些问题可能根本就无法解决。不过,生命是那样短暂,生命又是那样珍贵,我们没时间把经历都耗费在没有意义的问题上。所以,很多时候,你只能放手,把问题搁在那儿吧,继续前行就好。

记住,欺凌永远是欺凌者的行为,不是你的。我们改变不了别人,但我们可以掌控自己的所思所想。

关注身体健康，吃好睡好，每天多做点运动。关注心理健康，如果感觉不太好，记得求助。行动要坚定，行动常常可以反过来影响情绪。你表现出自信的样子，对欺凌者会起到震慑作用。具体来说，你可以这样：

★ 挺胸抬头，大步流星，坚定不移，表情要镇定、要自信。
★ 和别人交流时，用平静、中性的声音说话，不要情绪化，各种发牢骚，不要充满攻击性的声音。

你也可以试着原谅。原谅并不表示欺凌者会改变，也不表示你得喜欢他们。原谅只代表你想要让事情就这样过去。原谅需要深刻地同情和理解欺凌者，明白他们只是普通人，他们在生活中做出了一个非常糟糕的选择。这不表示欺凌者可以不为自己的行为负责，可以免受道德的谴责，这只表示我们理解，理解他们并不是魔鬼，他们也只是人。只要是人，就会犯错。

读完本书，你应该行动起来，挑选最适合你的方式来应对欺凌。当欺凌发生时，你可以做一些改变。不论你是被欺凌的对象，还是旁观者、父母或教师，你都应该找出合适的应对策略，并充满自信地使用出来，这样，你就会在不断地练习中越来越充满力量。

这些全都是说给你的，不是说给欺凌者的。你要面对真实的自己，要坚信自己认可的价值，并用行动执行它。把欺凌看作生活给你的考验，你要勇往直前，做自己心中的英雄。把这看成一次机会，一次展示自己的机会，向家人、朋友，也向欺凌者展示，你是这样一个勇敢坚定的人。

毕竟，每个人都要为自己的人生负责。你越早开始行动，就能越早摆脱欺凌者妄图给你造成的焦虑和伤痛感。欺凌是一种力量的角逐。不要让欺凌改变你，你要夺回主动权，做自己的主人。

作者简介

凯西·桑顿（Cathie Thornton） 心理学家，学校咨询师

凯西取得教育发展心理学硕士学位并成为一名注册心理学家已有15年了。她的硕士论文的主要内容即关于校园欺凌及反欺凌项目。近8年，凯西一直担任学校咨询师，为家长、教师、学生（3~18岁）提供心理帮助。她的学术研究领域包括心理测量、循证学业干预以及如何为学校组织营造积极向上的氛围。除此之外，生活中的凯西热爱家庭，喜欢种菜和烹饪。

迈克尔·潘克里奇（Michael Panckridge） 教师，作家

迈克尔做了多年教师。他目前在一家独立中学工作，主要面向四至八年级学生。他从事写作已有15年，目前已

出版了超过30种儿童读物,内容涉及广泛,前期的作品以运动主题为主,近年的创作转为奇幻恐怖小说。在生活中,迈克尔是女儿们的好爸爸,他喜欢看体育比赛,喜欢跑步和阅读。

万千教育 人文教育与世界教育经典名著

书号	书名	著、译者	定价(元)
人文教育系列			
1927	推理的要素（第七版）	R.Munson等著　孔红译	62.00
1801	存在的勇气	P.Tillich著　钱雪松译	32.00
1264	思考哲学基本问题	B. N. Waller著 陈晓曦等译　邓安庆审校	78.00
7529	思想：哲学基础导论	S. Blackburn著 徐向东译	32.00
1260	哲学的历程 ——西方哲学历史导论（第四版）	W. F. Lawhead著 郭立东　丁三东译	98.00
1104	生活中的逻辑学	N. Cavender等著 杨红玉译	62.00
1164	逻辑学基础	P. J. Hurley著 郑伟平　刘新文译	78.00
人文教育系列合计			442.00
世界教育经典名著			
1928	理想国（软精装）	柏拉图著　陶志琼译	62.00
1651	大教学论（评注版）（软精装）	约翰·阿莫斯·夸美纽斯著 刘富利　赵雪莉译	48.00

编号	书名	作者/译者	定价
1541	童年的王国——听斯坦纳讲华德福教育（软精装）	R. Steiner著　霍力岩等译	38.00
1138	童年的秘密（汉英双语版）（软精装）	玛利亚·蒙台梭利著　郑福明译	78.00
1136	教育漫话·理解能力指导散论（软精装）	约翰·洛克著　郭元祥等译校	48.00
1059	爱弥儿（精选本）（软精装）	让-雅克·卢梭著　檀传宝等译	48.00
0813	儿童教育心理学（软精装）	阿德勒著　杨韶刚译	35.00
9456	课程与教学的基本原理（英汉对照版）（软精装）	拉尔夫·泰勒著　罗康等译	42.00
9500	民主主义与教育（中文版）（软精装）	约翰·杜威著　陶志琼译	42.00
0809	民主主义与教育（英文版）（软精装）	约翰·杜威著	68.00
0937	教育的目的（汉英双语版）（软精装）	阿尔弗雷德·诺斯·怀特海著　靳玉乐等译	48.00
1430	去学校化社会（软精装）	伊万·伊利奇著　吴康宁译	58.00
1201	我们如何思维（汉英双语版）（软精装）	约翰·杜威著　杨韶刚等译	78.00
1237	教育学讲授纲要（软精装）	约翰·弗里德里希·赫尔巴特著　盛群力　赵卫平译	50.00
1236	教育论：智育、德育和体育（软精装）	赫伯特·斯宾塞著　王占魁译	42.00
1134	经验与教育（汉英双语版）（软精装）	约翰·杜威著　盛群力译	38.00
世界教育经典名著丛书合计			**823.00**

……

欲了解更多图书信息，请登录：www.wqedu.com
联系地址：北京市西城区三里河路6号院2号楼213室　万千教育
咨询电话：010-65181109，65262933

*本目录定价如有错误或变动，以实际出书为准。